最先端の
新常識 × 子どもに一番
大事なこと

が1冊で全部丸わかり

子育て
100
ベスト

Kato Noriko

加藤紀子

ダイヤモンド社

- どうしたら「本好き」にできる?
- 効果的な「ほめ方」「叱り方」は?
- 子どもは「何時間」寝るのがベスト?
- 「勉強しろ」と叱るより一緒に勉強する
- 「読み聞かせ」は時間を決めて日課にする
- 注意するときはシンプルに「一言」で
- 「ごっこ遊び」が言語力を伸ばす
- あえてたくさん「質問」をする
- ナンジャモンジャで「記憶力」を鍛える
- 子どもが「ゲーム」をやめないときは?
- 子どもを「対等」に扱う
- 「感謝のビン」に感謝を集める
- 家族の「一戦力」として頼る
- 「他の子」と比べない
- 「ぼーっ」とする時間を確保する
- 家の「あちこち」に本を置く
- 「3行の日記」を習慣にする
- 毎日、楽しく「英語」に触れる
- 家で「ペット」を飼えないときは?
- 100円ショップの「メダル」を使う
- 家の「自由な場所」で勉強する
- 毎日2杯の「牛乳」を飲む
- 親子の「料理」で五感を養う

など、Best of the Best の子育て法を完全網羅!

「一番子どものためになること」を厳選しました

　私はこれまで、一男一女の子育てのかたわら、「プレジデント Family」や「ReseMom（リセマム）」「ダイヤモンド・オンライン」など数々のメディアで、教育に関する記事を書いたり、企画や構成に携わったりしてきました。

　さまざまな分野で卓越したお子さんたちとそのご家族、学校・塾・習い事の先生や生徒さんたち、あるいは研究の最前線に立つ大学の先生方などにも取材をし、話を聞いたり実際に現場を見せていただいたりしながら、最新の情報をお伝えしてきました。

　そんな私を含めて、いま、教育に関わりのある人たちが共通して感じていることがあります。それは、

「現代の親は、多すぎる『子育て情報』におぼれている」

　ということです。

　ネット上には個人の体験に基づいた成功例やアドバイスが大量に発信されていますし、雑誌や本、教育系のメディアも、「○○家の秘訣」「××ママの知恵」といったキャッチーな見出しであふれています。

昔ならせいぜい祖父母や親戚、ご近所さんくらいから得ていた情報が、いまや全国どころか世界中からも集められてくるわけですから、情報におぼれてしまうのもしかたありません。

■変化の時代に対応した「新しい子育ての教科書」

　また、この春から新たに実施される小学校の新学習指導要領には、「創造力」や「表現力」「主体性」といった「非認知能力」（テストでは測れない能力）とも呼ばれる要素が組み込まれています。

　いまの子どもたちが生きる未来には、「与えられた課題の正解を求める力」よりも、「**自分で問いを立て、解決策を仲間と協力しながら考え、生み出す力**」が求められており、非認知能力はそのベースとなる力として重要視されています。

　この流れを汲み、学校や習い事をはじめとした学びのスタイルも多様化しつつあります。

　本書の内容は、そんな時代の流れに対応して、「**これからの世界に必要な力**」を身につけることを重視して組み立てています。

■膨大な「研究成果」から最も有用な情報を追求

「一人ひとり生まれもったよさを失わずに、その子らしい成長を遂げられるためにはどうすればよいか」については、心理学、教育学、精神医学、脳科学をはじめ、これまでさまざまな学術領域で研究が重ねられてきました。

　もちろん、広く知られている通説であっても、すべての子ど

もに当てはまるとはかぎりませんし、新しい研究によって常識が覆されることもあります。

　それでも、**先人たちが積み重ねてきた膨大な研究の成果は、**子育てに悩んでいるとき、不安で心配なときに、心強い指針となります。

　残念ながら、世間にあふれている情報は玉石混淆（ぎょくせきこんこう）です。子どもの視点に立った、子どものためになる情報もたくさんある一方で、子どもに過度な負担をかけたり、かえって子どもの成長を邪魔したり、大人の都合やエゴが優先され、子どもの気持ちをないがしろにしたりしているものも少なくありません。

　日々、時間に追われながらも、**「わが子にどんなことをしてあげればいい？」**と悩む親御さんが多いいま、誰かが一度、情報の整理をしたほうがいいのではないか。教育のプロでもない、カリスママザーでもない私ですが、だからこそ普通の親目線でわかりやすく、客観的な立場で有用な情報をまとめられるのではないか──。

　そうした思いから、私は本書をまとめました。

■「3つのOK」で気軽に読めるベストの具体策

　本書では「コミュニケーション力」や「自己肯定感」「創造力」といった非認知能力を伸ばす方法から、「家庭学習」「遊び」「習い事」「読書」「食事」「運動」「睡眠」まで、子どもにまつわるあらゆることについて、ベストの「100の方法」を厳選しています。

とくに「子どもがどんな行動をとることが重要か」、そして子どもにそうした行動を無理なくうながすには、「**親やまわりにいる大人は何をすればいいか**」という具体性にこだわり、すぐに実践できるコツをまとめています。

ぜひ以下の「3つのOK」にしたがって、肩ひじをはらず、気楽に読んでみてください。

①どこから読んでも OK

前から順に読み進める必要はありません。6つのカテゴリの中で気になるところだけ、あるいは目次を見ながら興味のある項目だけかいつまんで読んでも、どんな読み方でも OK です。

②全部できなくて OK

全部を実践する必要はありません。「反抗期で手を焼いているけど、接し方を変えてみようかな」とか、「不安そうにしているから、こんなふうに声をかけてみようかな」とか、目の前のお子さんに合わせてひとつ実践するだけでも、子どもはコロッと変わることがあります。

③すぐに効果が見えなくて OK

子育てに万能の魔法はありません。本書の方法も、お子さんのタイプやそのときどきの状況によって、うまくフィットしないこともあります。それでもあせらず、じわりじわりと続けてみたり、あるいは他のページも参考にして、別のアプローチを試してみたりしてください。

変化が感じられないときはむしろ、「おぉ、そうきたか！一筋縄ではいかないところに大物感があるぞ」くらいの気持ちで。

■「3歳〜小学6年生」を中心に、ずっと使える

　本書は、会話ができるようになる3歳くらいから小学6年生くらいまでの子どもを想定して書いています。

　とはいえ、中学生以上のお子さんにも十分通用します。

　わが家にも2人の高校生がおり、この本を書きながら、「もっと早くから意識してあげていればよかった（涙）」と思うことがあったと同時に、**「意外とまだまだ使える」**と手応えを感じたこともたくさんありました。

「うちはもう手遅れ」なんて思わずに、多くのお父さん、お母さん、そして子どもに関わるあらゆる方々に読んでいただけるとうれしいです。

　この本を通じて、子育てがもっと楽しく面白く、ハッピーな時間になりますように。

子育てベスト
100

CONTENTS

はじめに
——「一番子どものためになること」を厳選しました … 2

SECTION 1	コミュニケーション力 をつけるには？ 早くから「言葉のシャワー」を浴びせてあげる

01 「対話」をする
——質問・反論で考える力を磨く … 20

02 「聞く力」を身につける
——学力にもつながる大事な能力 … 23

03 子どもの話を聞く
——否定せずに言葉を引き出す … 26

04 「ごっこ遊び」をする
——遊びでさまざまな力を身につける … 29

05 「スキンシップ」を大切にする
——脳にも心にもいい「やさしい刺激」… 32

06 叱る
——叱るときは具体的にわかりやすく … 36

07 「根拠のない自信」をつける
——強く生きていくための大切な力 … 40

08 「読み聞かせ」をする
　　──集中しなくても気長に読めばいい … 43

09 「楽しい週末」を過ごす
　　──週末の交流で多様な価値観に触れる … 47

10 「しぐさ」を読みとる
　　──体からのメッセージを拾ってあげる … 50

11 話を「しっかり」と伝える
　　──どんな言い方がいちばん伝わる？ … 53

12 「ケンカの仲裁」をする
　　──ケンカも学びの場にできる … 57

13 「感情」をコントロールする
　　──コミュニケーションの核となる力 … 60

14 「スマホのルール」をつくる
　　──依存のリスクから子どもを守る … 64

15 「家族会議」を開く
　　──子どもと話す機会をつくる … 68

16 「挨拶」をする
　　──義務ではなく、楽しめるように … 71

17 「プレゼン力」を鍛える
　　──うまく話せる「型」を手に入れる … 74

18 「手本」を見せる
　　──親も子どもと一緒に成長する … 77

SECTION

2

思考力をつけるには?

「考えるチャンス」を最大限に増やす

19 「好きなこと」を見つける
——機会がなければ見つからない … 82

20 「観察眼」を磨く
——生まれながらの能力を伸ばす … 85

21 「オープン・クエスチョン」をする
——「WHY」「HOW」「IF」を上手に使う … 88

22 「考えるきっかけ」をつくる
——思考をうながす言葉がけとは? … 91

23 「失敗」を成長の糧にする
——信じて自分で立ち直らせる … 94

24 「深掘り」の意欲を伸ばす
——成績より過程に注目する … 97

25 「アナログ」のゲームで遊ぶ
——夢中になりながら頭を使う … 100

26 「金銭感覚」を身につける
——自己管理を体験する … 104

27 「やり抜く力」を養う
——努力と情熱がものをいう … 107

28 「男女の違い」に対応する
——特徴を知って能力を伸ばす … 111

29 「子ども扱い」しない
　　——子どもに「敬意」をもつとは？ … 114

30 「思考」を掘り下げる
　　——「デザイン思考」を体験する … 117

SECTION 3 自己肯定感 をつけるには？
変化に強い「折れない心」をつくる

31 「良質な睡眠」をとる
　　——日本の子どもは睡眠が足りない … 122

32 「多様な視点」を手に入れる
　　——ひとつの正解だけをめざさない … 125

33 「自制心」をもたせる
　　——自分を抑える技術を知る … 128

34 「レジリエンス」を鍛える
　　——強く生きていける「心の筋肉」 … 131

35 「感謝の心」を育てる
　　——心を豊かにする感謝のスキル … 134

36 「なんでも言える環境」をつくる
　　——勇気をもって甘やかす … 137

37 家族の「一戦力」にする
　　——まかせて、感謝する … 140

38 「習い事」をする①
　　——習い事を選ぶ … 143

39 「習い事」をする②
——スケジュールをゆったり組む … 147

40 「習い事」をする③
——お金のやりくりをする … 150

41 受け入れる
——無条件で認めてあげる … 153

42 決めつけない
——「値踏み」で可能性をせばめない … 156

43 押しつけない
——「いい距離感」で接する … 159

44 「家族旅行」をする
——成長に大切な非日常体験 … 162

45 「小さな喜び」を味わう
——つらさに打ち勝つ「お楽しみの貯金」… 165

46 「強み」に注目する
——注目すれば伸びていく … 168

47 「生き物」を飼う
——「お世話」でやさしい心を育てる … 172

SECTION 4

創造力をつけるには？

柔軟な脳にたくさんの「刺激」を与える

---

48 「楽器」を習う
——楽しんで創造力を伸ばす … 176

49 本物を「体験」する
　　——体を動かして五感を刺激する … 179

50 「型」にはめない
　　——口をはさむのをぐっとこらえる … 182

51 「ゲーム」とつきあう
　　——ゲームをコミュニケーションに生かす … 185

52 「好奇心」を伸ばす
　　——親自身が「ワクワク」を追求する … 189

53 「肯定表現」で話す
　　——ネガティブな思考を切り替える … 192

54 「アート」に触れる
　　——気軽にいろんな感想を語る … 195

55 「没頭」させる
　　——フローに入るのを邪魔しない … 198

56 つくる&試す
　　——手を動かしながら答えを見つける … 201

57 「想像力」を豊かにする
　　——いまの「無駄」が将来の力になる … 204

58 「瞑想」する
　　——親子でやれば楽しくできる … 207

59 「ぼーっ」とする
　　——子どもは意外と疲れている … 210

60 「本」で囲む
　　——読書は地頭をよくする万能の習慣 … 213

61 「落書き」をする
　　——脳の非集中モードで創造力がアップ … 216

SECTION 5 学力をつけるには?

効果的なフィードバックで「やる気」を引き出す

62 子どもの「タイプ」を知る
──タイプに合わせて学習法を選ぶ … 220

63 「算数力」をつける
──楽しみながら数字を身近にする … 223

64 一緒に「計画」を立てる
──計画立案で実行機能を伸ばす … 226

65 書く①
──書くことを「好き」になる … 229

66 書く②
──「日記」をつける … 231

67 書く③
──「文章の型」を知る … 234

68 勉強を「習慣」にする
──無理なく楽しく続ける方法 … 238

69 「プログラミング」を学ぶ
──試行錯誤で頭を鍛える … 241

70 くりかえす
──変化と負荷を上手に加える … 245

71 「語彙」を増やす
──いろんな理解をラクにする基本の力 … 248

72 「無駄」を削る
　　――勉強を合理化して「余裕」をつくる … 251

73 「英語」を身につける
　　――英語を「遊び道具」にしてしまう … 253

74 子どもに教わる
　　――人に教えると「知識」が頭に入る … 257

75 時間をあけて「復習」する
　　――覚える科目に最適の方法 … 260

76 ほめる
　　――何をほめるかで大きく変わる … 262

77 「フィードバック」する
　　――ポジティブに課題を伝える … 264

78 「優先順位」をつける
　　――やることリストで行動を整理する … 267

79 「音読」する
　　――間違ってもいいから「楽しく」読む … 270

80 「ごほうび」をあげる
　　――モチベーションを上げる報酬 … 273

81 「やる気」をつくる
　　――「自分からやる」意欲を引き出す … 276

82 「サポート」する
　　――過干渉にならない支え方 … 280

83 一緒に「学校」を決める
　　――実績だけで選ばない … 283

84 「自分のスペース」をもつ
　　――ポテンシャルを伸ばす環境とは？ … 287

85 「早寝早起き」をする
　　——脳のために十分な睡眠をとる … 290

86 「集中力」をつける
　　——集中できるのはせいぜい15分 … 293

SECTION
6

体力をつけるには?

「栄養と運動」で脳と体を強くする

87 バランスよく「栄養」をとる
　　——よい食事のシンプルな本質 … 298

88 「おやつ」をあげる
　　——糖質より脂質に気をつける … 302

89 「朝ごはん」を食べる
　　——シンプルなパターンをつくる … 305

90 「外食」を楽しむ
　　——親子でリラックスできる貴重な機会 … 307

91 「好き嫌い」をなくす
　　——苦手があるのは自然なこと … 309

92 一緒に「料理」をする
　　——五感を育む刺激的な体験 … 312

93 「お弁当」をつくる
　　——愛情をこめつつ、手間は少なく … 315

94 「旬」を生かす
　　——自然のサイクルを食事にとりこむ … 319

95 「惣菜」を活用する
　　──塩分と油に注意して賢く使う … 321

96 「免疫力」をつける
　　──病気になりにくい体をつくる … 324

97 「体」を動かす
　　──ケガをしにくい体をつくる … 327

98 「スポーツ」をする
　　──マルチな競技をのびのび楽しむ … 331

99 「噛む力」をつける
　　──よく噛むと頭も体も強くなる … 334

100 「目」を守る
　　──スマホ時代にケアすべきこと … 337

おわりに … 340

コミュニケーション力

をつけるには?

早くから「言葉のシャワー」を浴びせてあげる

COMMUNICATION

METHOD 01 「対話」をする
―― 質問・反論で考える力を磨く

　アメリカのシンクタンク、ブルッキングス研究所やニューヨーク科学アカデミーをはじめ、世界の教育機関が21世紀において最も大事なスキルと認識しているのが「対話する能力」です。

　対話を通じてそれぞれが自分の強みを生かし、知恵を補い合いながら新しいアイデアを生み出していくことが、これからの時代に求められています。

　グーグルやフェイスブック、スターバックスの創業者をはじめ、**起業家精神に富むユダヤ人は「議論好き」として知られています**。その理由のひとつは、彼らが教典とする『タルムード』にあります。

　『タルムード』には指導者らによる異なる解釈がたくさん並んでおり、ユダヤ人はさらにその解釈をめぐって、ぐるぐると終わりなき渦巻き状の議論をくりかえしています。こうした対話を通じて、**物事の多面的なとらえ方や批判的な思考力を身につける**といわれています。

　また、「プレジデントFamily」(2017秋号)による東大生173人へのアンケートでは、その9割が、家庭では**「食事」「移動(送迎)」「お風呂」**の時間などをうまく活用し、親子でしっかり会話をしていたと答えています。家庭での対話は、高い学力の下支えにもなっているのです。

「対話力」はどうやって育てる?

■ 1日10分、子どもの話を聞く

　毎日、子どもが安心して話ができる時間を意識的につくります。忙しい日常では「○○しなさい」と命令口調になりがちですが、それでは一方通行です。

　他愛のない内容でも、まずは「へぇ、そうなんだ」と関心を示してあげると、子どもはもっと対話したくなります。

■ スマホの電源を切る

　最近は、食事中でも各自が自分のスマホをのぞきこみ、食卓でリアルに向き合っているのにコミュニケーションが生まれないという状況も珍しくありません。**対話の時間がもてるよう、思い切って電源を切る**と、自然に対話が生まれます。

■ 5回、質問する

　ヴァンダービルト大学教育学部のデヴィッド・ディッキンソン教授は、子どもと対話をするときは、1回聞いて「そうなんだね」で終わらせるのでなく、何度か聞き返してあげることを勧めており、「**5回やりとりすることを心がけよう**」と提唱しています。

　その際大事なのは、子どもにたくさんしゃべらせることです。そのためには、イエスかノーかで答えられるような質問ではなく、「**なぜ?**」「**なに?**」「**どんな?**」「**どうやって?**」「**もし?**」で聞くと、話がはずみます。

「今日、学校で楽しかったことはなに？」「今日は大雨だったけど、みんなはどんな格好で学校に来てた？」といった感じで質問をしてみると、子どもは具体的に話しやすくなります。

なぜ？

どんな？

どうやって？

「質問」で子どもの話を引き出す

■「いいね！」を忘れない

子どもは共感されると、ここは**自分が何を話しても大丈夫な場所だと安心**できます。子どもの意見には「いいね！」と言ってあげます。

■ あえて「反論」を言う

ただし、「いいね！」ばかりだと、子どもは自分にとって耳の痛いことや聞きたくないことには耳を傾けなくなってしまいます。そこでときどき、「いいね！」と言って共感を示しつつ、あえて反対の意見を投げかけてみます。

決して子どもの意見を非難するわけではありません。**違う見方を伝えることで、対話を深める**のです。

METHOD
02

「聞く力」を身につける
――学力にもつながる大事な能力

　SNSなどを通じたバーチャルなコミュニケーションが一般化し、目の前にいる相手の話をじっくりと聞く機会が減っています。しかし、**「聞く」ことは、人の話に集中し、よく理解するための重要なスキル**です。子どもは「聞く力」を身につけることで、以下のようなさまざまな力を育むことができます。

・**学力**：「聞く→わかる→楽しい→もっと知りたい→聞く」という学びの好循環が生まれます。

・**表現力や語彙力**：音声を敏感に聞き取る力は子どものころのほうが優れており、成長とともに失われていきます。子どものころから聞く力があれば、耳から新しい表現や言葉をキャッチして、どんどん習得していくことができます。

・**集中力**：落ち着いて相手の話を聞くことで、集中力が養われます。

・**我慢強さ**：相手の話の途中で口を挟んだり、無視したりせずにしっかりと耳を傾けることで、我慢強さも身につきます。

・**共感力**：子どもは自分の気持ちをわかってもらいたい思いが強く、相手を理解することはまだ得意ではありませんが、話を聞く習慣をつけることで、相手の気持ちを理解できるようになっていきます。

「聞く力」はどうやって育てる？

■ 親が子どもの顔を見て話を聞く

子どもが話しかけてきたときは、背中を向けたまま聞くようなことはせず、向き直って、子どもの顔を見ながら話を聞きます。22か国語に翻訳された名著『子どもが育つ魔法の言葉』（PHP文庫）の著者、ドロシー・ロー・ノルト博士は、「子どもは親を手本にして育つ。**毎日の生活での親の姿こそが、子どもに最も影響力をもつ**」といっています。

子どもは大人が自分の話を聞いてくれる姿を見て、人の話を聞くとはどういうことかを学びます。

■ 「読み聞かせ」をする

楽しい本の時間は、子どもが「聞く力」を伸ばすチャンスです。絵が多く文が短い絵本から始め、成長していくにつれて、絵が少なく文字の多い、長めの話を選ぶようにします。

■ 「伝言ゲーム」をする

「いまから言う言葉をパパに伝えてね」と伝言をゲーム感覚でお願いすると、子どもは夢中になります。正しく伝えられたら「すごいね！」と忘れずに声をかけます。

■ 「心の道具」を使う

児童の学習心理学が専門の心理学者、エレナ・ボドロヴァとデボラ・レオンは、家庭で「聞く力」が育たなかった子どもた

ち向けに「心の道具（ツールズ・オブ・ザ・マインド）」という
プログラムを開発しました。このプログラムでは、子どもは「視
覚」を通じて行動をうながされます。

　たとえば絵本を読むときは、「読む番」の子どもは目の前に
「口の絵」を置き、自分が読み手であることをまわりに伝えま
す。その他の子どもたちは**「耳の絵」を持って、自分は話し手
ではなく聞き手であることを自覚する**といった方法です。

　このツールは、学校や保育園など集団の場で「聞く力」を育
てる際、子どもたちになじみやすく、**聞く力だけでなく、自制
心や学力の向上にもつながっています**。家でも親子で読み聞か
せをしたり、対話をしたりするときに応用することができます。

絵を使って「聞く練習」をする

子どもの話を聞く
——否定せずに言葉を引き出す

　子どもは大人にしてみれば何がおもしろいのかよくわからないような話、とりとめもない話をたくさんしたがります。今日は誰と遊んだか、食べたものや好きな本、空想など、**子どもは無条件に聞いてもらえることで安心感や落ち着き、自信、認められた喜びを感じます。**

　話を聞いてあげると子どもは「話すことが楽しい」「話すと心が軽くなる」と感じ、もっと話したいと思うようになります。そこから豊かな表現力、語彙力も育まれていきます。

　脳機能開発が専門の東北大学、川島隆太教授が仙台市に住んでいる7万人の小中高生を2010年から7年にわたり追跡調査したところ、**「家の人にしっかり話を聞いてもらった」と答えた子は、学力が上がる傾向が見られました。**子どもの話をちゃんと聞いてあげるかどうかは、学力にも影響するようです。

子どもの話、どうやって聞けばいい?

　アメリカの臨床心理学の大家で、シカゴ大学、ウィスコンシン大学などで教授を務めたカール・ロジャース博士は、**アクティブ・リスニング（積極的傾聴）**を提唱しました。

　ロジャース博士は、自らがカウンセリングを行なった多くの事例から、聴く（傾聴する。心をこめて聞く）側に大切な3つの

要素として「①共感的理解」「②無条件の肯定的関心」「③自己一致」を挙げています。

　どれも表現が専門的で漠然としていますが、わかりやすくまとめると次のようになります。

■共感する（①）

　子どもが話をしているときは、**子どもの立場になって共感しながら聞いてあげます**。「疲れた」と言ってきたら「疲れたね」と子どもの言葉をくりかえしたり、「へえ」「そうなんだね」と相づちを打ったりうなずいたりしながら聞きます。

■否定しない（②）

　主役はあくまでも話し相手である子どもであり、立場が逆転しないように気をつけます。そのためには、「○○したほうがいい」「××しなさい」などと大人の意見を押しつけず、**質問もできるだけ手短にし、話題を変えないようにします**。

　たとえ子どもの話が間違った内容でも、「でも」「だけど」と否定せず、肯定的に話を聞きます。子どもが間違ったやり方で何かしてしまった場合でも、まずは否定せず、**共感してあげてから意見やアドバイスを伝える**と、子どもは素直に受け入れやすくなります。

■話の内容をよく確認する（③）

　子どもの話でわからないところをそのまま聞き流してしまうと、子どもは「話を真剣に聴いてくれない」と感じてしまいま

す。わからないときは質問し、くわしい内容を確認します。

■聞いてあげられる「余裕」をもつ

　ストレスや過労でイライラしたり疲れていたりすると、子どもが話しかけてもうわの空になってしまいます。

　子どもの話をしっかりと聞いてあげるには、大人の側も心身ともに余裕が必要です。

　たとえば、仕事などで忙しく、**疲れてしまったときは、できあいのお弁当を買ってきたり出前をとる**などして、なるべくリラックスできる時間をもつようにするとよいでしょう。

「聞く」ためには親の余裕も大事

METHOD
04

「ごっこ遊び」をする
―― 遊びでさまざまな力を身につける

コミュニケーション力

思考力

自己肯定感

創造力

学力

体力

発達心理学の権威、心理学者のレフ・ヴィゴツキーは、ごっこ遊びを「認知・情緒・社会的発達をうながす高度な遊び」ととらえています。

ごっこ遊びをする子どもたちは、キャラクターやヒーローなどになりきることで、**集中力や記憶力、自分の能力に対する自信を養います**。

■「言語力」がアップする

また、自分たちで話をつくりあげていくので、計画性や創造力も育まれます。

さらに、さまざまに考えを出し合いながら自分たちで役割分担をするなどコミュニケーションが活発になるので、協調性や自制心も身につきます。

ヴァンダービルト大学の言語学者、デヴィッド・ディッキンソン教授によると、ごっこ遊びをより多くした子どものほうが**1年後の言語力が高い**こともわかっています。

楽しく「ごっこ遊び」をするにはどうすればいい？

■小道具やスペースを準備する

おままごとやお医者さんごっこ、お店屋さんごっこなどに使

える**小道具やスペースをあらかじめ準備しておくと、ごっこ遊びの世界に入りやすくなります。**

　年齢が上がるにつれて、空き箱や布、ひもなどの手近な材料を使って自分で小道具をつくることも始めていくと、ますます創造力が養われます。

■大人も一緒に「なりきる」

　一緒に遊んでいる大人が楽しんでいれば、子どもも楽しくなってきます。

　大人のほうからすすんで役になりきって、食べるふりをしては「今度は○○ちゃんがどうぞ」と言って真似をさせるなど、最初は手伝ってあげるといいでしょう。

　お医者さんごっこなら患者、お店屋さんごっこなら客という感じで、**大人が脇役にまわると、子どもがお芝居をリードし、自分から話をふくらましやすくなります。**

■子どもの想像力をさまたげない

　子どもの世界観は、大人の想像するものとは異なることがあります。無理に正そうとはせず、子どもの世界観につきあうようにします。

　親が家事などで途中で抜けるときには「ごはんつくらなきゃいけないからここまでね」とは言わず、「**ちょっと出かけてくるけど、（ぬいぐるみの）お友だちと仲良くお料理をつくっててね**」といった表現で子どもの世界観を壊さないようにすると、子どもは集中が途切れずに楽しく遊べます。

先に抜けるときも、子どもの想像を邪魔しないようにする

■さまざまな光景を「観察」する

　ごっこ遊びには、毎日の生活の中で目にするさまざまなことや実体験をそのまま生かすことができます。

　お医者さんに行ったら**「聴診器ってどんなふうに使うのかな？」**と注目したり、スーパーではレジの様子を眺めたり、会話で子どもの好奇心をくすぐりながら日々の暮らしに一緒に注目していると、観察力も養われていきます。

METHOD 05

「スキンシップ」を大切にする

―― 脳にも心にもいい「やさしい刺激」

スキンシップは子どものストレスを軽減して情緒を安定させ、精神的な自立をうながす成長の土台となります。スキンシップをとると、**愛情ホルモンとも呼ばれる「オキシトシン」という脳内物質が分泌されます**。

子どものころにオキシトシンを分泌しやすい脳にしておくと、大人になっても他者への信頼や安心感が続き、周囲の人と温かい人間関係を築くことができるといわれています。

さらに、**記憶力がよくなり、学習効果が高まり、ストレスにも強くなる**ことがわかっています。

■「皮膚」への刺激で脳に好影響を与える

2018年のベルメゾンの調査によると、スキンシップがとれている家庭ではとれていない家庭に比べ、**保護者が「家族の絆」を約3倍も深いと感じている**ことがわかりました。

ところが残念なことに、12歳までの子どもをもつ保護者の約半数が、小学校入学のころから「スキンシップが減っている」と実感しているようです。

桜美林大学の身体心理学者、山口 創(はじめ) 教授は、子どものころに**十分なスキンシップをとっておくと、その効果は一生続く**といいます。

　皮膚は「第二の脳」ともいわれており、**温かくやさしい刺激が皮膚から脳にダイレクトに届くことで**、心身の発達に良い影響を与えてくれるのです。

「スキンシップ」をするにはどうすればいい?

■子どもが求めてきたら拒まない

　親子のスキンシップが多いほど、子どもは家庭を「安全基地」のように感じることができます。

　スキンシップを拒まれると子どもは不安を感じてしまうので、拒まず受け入れてあげます。

■手をつなぐ

　手は癒しの源です。「手当て」という言葉は、昔の人が病気やケガの患部に手を当てて治していたことに由来するともいわれます。手をつないで歩く、あるいは握手でも、**手のぬくもりは人を安心させます**。

■頭をなでる

　「よかったね」「よくがんばったね」などと声をかけるときに頭をなでると、**子どもは愛情を感じて、喜びます**。思春期に近づくにつれ、親子のスキンシップは減っていきますが、そんな時期でも頭をなでることは触れ合いのよい機会になります。

■肩や背中をポンとたたく

　赤ちゃんは背中をポンポンとたたかれると、**母親の胎内にい**

たときの心音を思い出し、落ち着くのだそうです。

子どもが寝る際には背中にポンポンと静かに手を当ててあげたり、「いってらっしゃい！」「おかえり」といった挨拶のついでに、肩や背中にポンとやさしく触れてあげるだけでも、安心した気持ちになれるようです。

山口教授は「このワンポイント型のスキンシップで、**言葉で伝えるメッセージの何倍もの感情が伝わる**」といっています。

■ ハイタッチする

ハイタッチは、「イェーイ！」「やったね！」と言いながらお互いが向きあって目を合わせ、**言葉以上に喜びや感動を共有できます。**

■ こちょこちょする

無理強いは禁物ですが、子どもが喜んだり楽しめるようなら、こちょこちょとくすぐり合う遊びにもスキンシップによるリラックス効果があります。

また、**笑うことで情報を伝達する神経回路「シナプス」を増やし、脳の働きをよくします。**

■ ハグする

武蔵野学院大学の認知神経学者、澤口俊之教授によると、子どもによくハグをする親子はお互いの関係性がよく、**親子ともよく眠れるなど、心身ともに健やかになる**そうです。

また、親からハグをされてきた親の 93.7% が自分の子ども

へもハグをしており、育児スタイルは親から子へと受け継がれているようだと指摘しています。

■効果が高いのは夕方以降

　副交感神経は「休息の神経」ともいわれ、体をリラックスさせる働きをもつ神経です。桜美林大学の山口教授は、**スキンシップを副交感神経が優位になる夕方以降に行なうと、さらに効果が高まる**といいます。

　また、秒速５センチメートル程度の速さで動かしながら触れると、副交感神経が最も優位になるそうです。私たちが大切な人やペットなどをなでるとき、無意識のうちにこの速さで手を動かしていることが多いようです。**手のひら全体を使ってしっかりと触れる**と効果的だと山口教授は勧めています。

スキンシップは夕方〜夜が効果が高い

METHOD
06

叱る
──叱るときは具体的にわかりやすく

　最近はあまり叱らないでほめる子育てがいいという風潮がありますが、東京大学の発達心理学者、遠藤利彦教授は、「しつけというのは『ほめる』と『叱る』の両方があって、しつけになるのだと思う」といっています。

　「可愛くば五つ教えて三つほめ二つ叱って良き人にせよ」という二宮尊徳の言葉がありますが、「子どもには５つ教えたらまず３つほめ、叱るのは２つくらいにしておく」くらいがちょうどいいあんばいのようです。

うまく「叱る」にはどうすればいい?

■深呼吸する

　何度言い聞かせても、子どもが言うことを聞こうとしないとき、感情的に大きな声が出てしまうことがあります。

　怒りの感情が行きすぎると、子どもは自分が親に嫌われているのではないか、愛されていないのではないかと不安になります。親のほうが怒りの沸点を超えてしまったようなときには、一度、深呼吸をして自分の気持ちを落ち着かせます。

■できるだけ2人だけの場所で

　人前で叱られると、子どもは自尊心を傷つけられ、恥ずかし

さで頭がいっぱいになるので、何を言われても頭に入ってきません。まわりにほかの子などがいるときは、できるだけ人目の少ないところへ移動します。

■ 人格を否定しない

「おまえはバカだ」「生まれつきアタマが悪い」といった人格を否定するような言葉は決して使わず、**具体的な言動だけを指摘します**。子どもは「バカ」と言われ続けると、本当に「自分はアタマが悪い」と思い込み、「努力したってしかたない」「自分には才能がない」とあきらめてしまうようになりかねません。

■ 具体的に理由を伝える

「『なんで叱られているのか、理由は自分で考えなさい』は、親の手抜きでしかない」と明治大学の臨床心理学者、諸富祥彦教授はいいます。具体的に「**なにがどうしていけなかったのか**」「**次はどう改善するべきか**」を、子どもにわかるような言葉で簡潔に説明します。

×　叩いたらダメ！

○　叩かれた子が痛いからやめようね

注意するときは理由を具体的に伝える

■人と比べない

　だれでも人と比べられると、自分に自信がもてなくなります。とくにきょうだいで比べられると、愛情不足を感じることもあります。すると必要以上に反抗的な態度になり、ますます親の言うことを聞かなくなってしまいます。

　また、**子どもを他の子と比べるのは、親自身が自分を苦しめることにもなります。**「○○ちゃんはよくできるのにうちの子は……」と比較して考える癖(くせ)をやめると、「叱るほどのことではなかったかも」と気づくことが意外と多いものです。

■「冷静になれる場所」をつくる

　欧米では、子どもを落ち着かせ、健やかに導くことができる「ポジティブ・タイムアウト（前向きな小休止)」や「シンキングタイム（考える時間)」と呼ばれる方法が広く知られています。

　これは、**子どもの気持ちが高ぶったときに、いったん立ち止まって、気持ちを落ち着かせる時間をもつ**という方法です。時間の目安は「子どもの年齢×１分」です。

　これをするには、前もってタイムアウトのために「落ち着ける場所」を決めておきます。子どもは決まった空間で気分が落ち着いてくると、自分の振る舞いや発言を反省し、同じ失敗はくりかえしたくないと考えられるようになります。

■「勉強しろ」と叱るのは効果なし

「子供の生活と学びに関する親子調査 2015 - 2016」（東京大学社会科学研究所・ベネッセ教育総合研究所）によると、「勉強好き

な子」は自分の好奇心や関心など内発的動機から勉強している割合が高いのに対し、**「勉強嫌いの子」は、先生や親に叱られたくないからという外発的動機で勉強している**割合が高いことがわかりました。

意見や行動を他人から強制されると反発し、かえって自分の意見に固執することを、心理学では**「心理的リアクタンス」**と呼びます。「勉強しなさい」と叱れば叱るほど、子どもは強く反発し、勉強から遠ざかります。諸富教授はやみくもに叱るより**「最初の10分間でよいので、子どもと一緒に勉強してやるほうが効果的」**だと言っています。

ただ「勉強しなさい」と言うより、時間をとって勉強を見てあげる

コミュニケーション力

思考力

自己肯定感

創造力

学力

体力

07 「根拠のない自信」をつける

—— 強く生きていくための大切な力

　コミュニケーションが苦手だと感じるのは、自分に自信がもてないことも原因のひとつです。人は自分に自信がもてなければ、相手に拒否されて傷つくことを恐れ、人づきあいを避けようとしてしまいます。

　子どもも同じです。**「自分はこれでいいんだ」と思える子どもは、自信をもって自分の気持ちを表す**ことができます。

　20年にわたり、5000回以上の面接を通して子育ての悩みに寄り添ってきた、医師で臨床心理士でもある田中茂樹氏は、子どもが親から見て間違ったことを主張してきたときには、それを理屈で否定しようとせず、**意見を言えた勇気を認めてやることが大切**だといっています。

■「認められている」実感を与える

　人が人として生きていくには、「理由はないけれどうまくいくような気がする」といった、**無条件に自分を信じる力がとても重要**です。

　これは精神医学では「基本的信頼感（ベーシック・トラスト）」と呼ばれています。自分はいつも認められているという実感が、相手との心の壁を取り払い、コミュニケーションへの意欲につながるのです。

「根拠のない自信」をつけるにはどうすればいい?

■ありのままを受け入れる

「テストで100点をとった」「かけっこで一番だった」といった具体的な成果をほめるのもよいですが、そこから生まれる自信は根拠に基づいたものです。

根拠のある自信は、根拠となる事実が消えるとなくなってしまいます。根拠のない自信は、そうした条件付きの自信ではなく、**親からありのままを受け入れられ、愛されているという実感**から生まれるものです。

■苦手に固執しない

苦手なことをがんばって克服するのは大事なことです。ですが、親が固執しすぎて子どもを追いつめると、自信どころか劣等感ばかり増してしまう可能性があります。

■大人は聞き手にまわる

子どもと話をするときは、親は聞く側にまわります。「**そうだったんだ**」「**わかるよ**」という相づちとともに、どのようなことにでも耳を傾けると、子どもは「自由に何を話してもいいんだ」と自信がもてます。

■立ち直る力を育む

子どもは小学校に入るころから自分と他者を比較するようになり、「負けたら悔しい」といった感情をもつようになります。

大切なのは負けたとき、落ち込んだときに立ち直る力を身につけることです。この回復力は、心理学では「レジリエンス」と呼ばれています（34「『レジリエンス』を鍛える」参照）。

　子どもが失敗したときも、他の子と比べるのではなく、**良い面に注目して「よくがんばったね」「勇気があったね」などと認めてあげる**と、立ち直る力を伸ばしてあげることができます。

失敗や負けで子どもが落ち込んだときは、
よかったところを見つけてあげる

■子どもを信じる

　児童青年精神科医の佐々木正美医師は、「子どもは自分を信じてもらうことによって、信じてくれた人を信じます。そして**自分が信じられたことによって、自分を信じることができるの**です」という言葉を残しています（『「お母さんがすき、自分がすき」と言える子に』新紀元社）。**まずは親が子どもを信じる**。そうすれば、子どもは親を信じ、自分を信じることができます。

METHOD
08

「読み聞かせ」をする
——集中しなくても気長に読めばいい

「心を落ち着かせ、言語能力や想像力、情緒を育む」という読み聞かせの効果が、学術的にも明らかになってきています。

　日本大学大学院の認知神経科学者であった泰羅雅登教授が、**読み聞かせをするとき子どもの脳のどこが活性化するか**を調べたところ、脳の深部にある、感情や意欲、本能に関係する「大脳辺縁系」という部分であることがわかりました。

　泰羅教授は、これを「心の脳」と表現し、この心の脳を育めば、**こわい、悲しい、楽しい、うれしいといった感情がわかる子どもに育つ**といっています。心の脳が育つと、さまざまな感情を脳が感じ取り、「また、やろう」とか「これはやってはいけない」といった動機付けがされ、意欲や道徳感にもつながるということです。

　また、脳科学者、川島隆太教授の調査では、**読み聞かせの時間が長いほど、母親の子育てのストレスが低くなる**ということもわかっています。

　子どもについては、読み聞かせによって言葉の発達が進むほか、言うことを聞かない、反抗するなどの問題行動も少なくなったといいます。

　このように読み聞かせは、心を育て、親子の気持ちを通わせて、落ち着いたコミュニケーションを可能にしてくれます。

「読み聞かせ」はどうやってすればいい？

■時間を決めて日課にする

　夕飯やお風呂の後、あるいは寝る前など、**読み聞かせのタイミングや時間を決めて日課**にします。子どもの本はあっという間に読めます。家事に追われていても、10分手を休めるだけで、短い絵本なら1〜2冊は読めます。読み聞かせの時間がきたら、親子で一緒に本の世界にひたり、思いきり楽しみます。

■静かな環境で、気楽な気持ちで

　子どもが集中できるよう、テレビや音楽は消します。子どもが最後まで集中して聞けないこともありますが、イライラして中断せず、**最後まで気長に、**いつもどおりに読んであげます。

　子どもはほかのことに気が散っていても、背中を向けたまま聞いていたりするようです。

気が散っているようでも、気にせず読んであげる

■ **ゆっくり、はっきり読む**

子どもが耳から入ってくる言葉やリズムをじっくりと味わい、想像をふくらますことができるよう、ゆっくり、はっきり読んであげます。

■ **同じ本をくりかえし読んでもOK**

子どもは１冊の本を気に入ると、何度でもその本をくりかえし読みたがります。大人から見ると不思議なのですが、**子どもにとってはつねに新しい気づきがあり**、回を重ねるたびに自分の力で発見することが増えていきます。

■ **字を覚えることを目的にしない**

読み聞かせで、すらすら読めない字を無理に追わされ、**本を読むのが嫌になってしまっては本末転倒**です。大人が読み聞かせてあげることで、子どもは本を読む楽しさを覚えていくのです。

■ **小学生以降も読んであげる**

絵本の読み聞かせというと、赤ちゃんから５歳くらいまでというイメージが強く、小学生になるともう手遅れだと思うかもしれません。

ところがアメリカのロングセラー『できる子に育つ魔法の読みきかせ』（筑摩書房）の著者、ジム・トレリースによると、**子どもは13歳くらいまで「読む力」より「聞く力」に長けている**ため、聞いた言葉を真似することで言語能力を獲得してい

くそうです。

　読み聞かせは絵本だけに限りません。小学生になっても、本を読んであげることで新しい言葉を学び、さまざまな物事への興味や関心がめばえ、感情が豊かになっていきます。

　泰羅教授は、学習、思考や言語など、脳の高度な機能に関係する「大脳新皮質」が発達するには、まず脳の奥にある「心の脳」を健全に育む必要があるといっています。

　読み聞かせはこの脳の奥、子どもの脳の「根っこ」の部分を育ててくれるので、小学生からでも効果は十分に期待できます。

■ 本の選び方は?

　絵本の場合、書店で選ぶ際には、見た目の鮮やかさに惑わされないようにします。白黒の本でも、子どもは頭の中で想像しながら自分で色をつけていくともいわれ、長く読み継がれている名作はたくさんあります。

　子どもによい本を選ぶのが難しいときは、定期購読を利用したり、「絵本ナビ」のような絵本の情報サイトで試し読みをし、評価や感想を参考にして選ぶのもよいでしょう。

　児童書の定期購読サービスには、0歳〜小学6年生までを対象としたクレヨンハウスの「絵本の本棚」や、絵本ナビの「絵本クラブ」などがあります。

METHOD 09 「楽しい週末」を過ごす
—— 週末の交流で多様な価値観に触れる

　これからの時代は、ますますグローバル化が進み、多様な人同士が協力し合って、さまざまな課題に向き合っていかなければなりません。そうして**人と交流しながら協力し合っていける力を育む**ためには、子どものころからさまざま相手や場面に慣れることが大切です。

　とりわけ、子どもが家族や親戚など、いろいろな大人と関わり、対話することは、さまざまな価値観を学ぶ貴重な機会になります。

　これは週末や休日を楽しく過ごすことで実現できます。家でゆっくり過ごすのもいいですが、あえて家事を一緒にしたり、他の大人と交流したりと、**ふだん学校では体験しないことを楽しむ機会をつくる**のです。

　子どもはさまざまなコミュニケーションを体験する中で、多様な相手とうまくやっていく力を自然に身につけていきます。

「楽しい週末」をつくるにはどうすればいい?

■「家事」を遊び感覚で一緒にやる

　掃除や料理を、子どもと遊び感覚で楽しみます。掃除なら、生ごみになるような茶がら（玄関のたたきにまくとホコリを吸着）やミカンの皮（シンクや床磨き）、米のとぎ汁（雑巾で床を水ぶ

きしてワックス効果）などは、天然素材のお掃除アイテムとして使えます。

　子どもとの料理は、毎月1冊ずつ届くクックパッドの『おりょうりえほん』などをきっかけに、親子で料理を楽しみながら食への興味や知識を深められます。

　また、家庭菜園などの土いじりも、楽しい対話が生まれます。プランターや発泡スチロールの箱を使った小さな畑でも、栽培できる野菜がたくさんあります。

　子どもと家庭菜園を始めるときには『やさいのうえかたそだてかた』（小宮山洋夫著、岩崎書店）のような絵本を参考にすると子どもにも親しみやすいでしょう。

■公園に遊びにいく

　いつもの公園もいいけれど、少し足を延ばせば、**木登りや焚き火など、冒険遊びができる公園もあります。**友だち家族を誘って行くのも楽しいですし、非日常の自然に触れると、ふだんとは違う会話が弾みそうです。

　冒険遊びができる公園については、特定非営利活動法人日本冒険遊び場づくり協会のホームページにくわしく掲載されており（http://bouken-asobiba.org）、全国に広がっています。

■博物館や美術館に行く

　子どもの入館料が無料のところも多い博物館や美術館。「子どもにはまだ難しいかも？」という先入観は無用です。

　作品の背景がわからなくても、**子どもは子どもなりの感性で**

受け止めます。ホンモノを見られる貴重な機会は、子どもの視野を広げてくれます（54「『アート』に触れる」参照）。

■地元のイベントに参加する

　お祭り、フリーマーケットなど、地元のイベントは自治体の広報誌や掲示板、ホームページでも確認できます。

　フリーマーケットでは、値段をつけたり、売り上げ目標を立てたり、お金の計算をするなど、**大人と協力し合いながら、実際にモノを売る体験**ができます。

■冠婚葬祭、法事などの親戚づきあいも

　いまの子どもたちは冠婚葬祭の経験があまりなく、葬式と法事の違いを知らない子も多いようです。冠婚葬祭に出ると慣習や伝統に触れることができますし、**親戚づきあいは幅広い年齢層と交流できる貴重な機会**でもあります。

■親同士も楽しい交流を

　子どもを介して知り合うパパ友、ママ友は、子育ての「引き出し」を増やしてくれます。夫婦ふたりだけだと週末の過ごし方のレパートリーも限られてしまいますが、パパ友、ママ友がいると、**それぞれの趣味や得意分野を生かして、楽しみ方が広がります**。

　子どもが家でよく話題にする友だちの名前を覚えておき、行事などで交流するきっかけがあれば思い切って話しかけてみると、交流の輪が広がるでしょう。

METHOD
10

「しぐさ」を読みとる
——体からのメッセージを拾ってあげる

　言葉はコミュニケーションの大切な手段のひとつですが、言葉だけでは十分に伝わらないことがあります。とくに言葉が未熟な子どもの感情は、表情やしぐさにあらわれます。**子どものしぐさは、子どもの心を理解する重要な手がかりになります。**

　法政大学の発達心理学者、渡辺弥生教授は、子どものしぐさに気づき、その特徴に合わせて次のように適切に対処してあげることが大切だといっています。

「しぐさ」を読みとって、どうする?

■頻繁なまばたき、鼻を鳴らす、肩をすくめる
　→生活のリズムを整える

　本人の意思とは関係なく、体が勝手に動いてしまう「チック」という症状かもしれません。学童期の子どもの約5%に発症し、比較的男子に多い傾向にあります。小学校入学のころに発症する例が多く、脳内にあるドーパミン神経系の発達の問題が原因のようです。

　早寝早起きで生活のリズムを整え、リラックスした時間を過ごせば、ほとんどの場合、1年以内に自然に治るといわれています。**無理にやめさせようとするとかえって悪化することもあ**ります。長く続くようであれば、医師に相談します。

■一人でいることが多い→親が一緒に遊んであげる

子どもが一人で遊んでばかりいる場合、友だちと一緒に遊びたくてもうまく声がかけられなかったり、どうやって友だちと一緒に遊んだらいいのかがわかっていないことがあります。

親からいくら**「もっと友だちと遊びなさい」と言われても、わからないからできない**のです。

そこで、親のほうから「一緒に遊ぼう」と話しかけ、**子どもをつれて一緒に友だちの輪に入って遊んでみます**。すると子どもは「こんなふうにやればいいのか」と親の真似をし、声をかけられるようになっていきます。

また、ボール遊びやボードゲームなどで、一人ではなく人と一緒に遊ぶことの楽しさを体験させると、自然に友だちを求めるようになります。

親が一緒に子どもの輪に入ってあげる

■問題行動を起こす→できていることをほめる

叱っても言うことを聞かず、問題行動をよく起こす場合、子どもには親の関心を引きたい、親を試したいという本音が隠れ

ていることがあります。

　そのようなときは、しつこく叱るようなことはせず、短い言葉で厳しく注意します。そして、問題を起こさずに良い行動ができているときにも注目し「すごいね、ちゃんとできているね」と声をかけます。

　ただし、自分やまわりのケガなどにつながるような大きな問題行動を起こしたときは、しっかりと子どもの顔を正面から見て、真剣な声と態度で叱る必要があります。

■無気力でゴロゴロ→お手伝いで小さな成功体験を

　やる気がなくなっている子は、自分ができない理由を自分の能力のせいにしてしまい、「がんばってもしょうがない」と思い込んでいることがよくあります。そうしたときには、洗濯物を畳む、食卓に食器を並べるなど、ちょっとしたお手伝いで小さな成功体験をさせ、心から「ありがとう」と感謝を伝えると、子どもはがんばることが好きになっていきます。

■お腹が痛くなる・頭が痛い・朝起きられない
　→まずは医師へ。問題なしなら解決を急がない

　子どもが深刻な不調を訴えたときは、まずは医師の診察を受けることが第一です。医学的に明確な病気や症状ではないとわかれば、ストレスが原因かもしれません。解決を急いだり、大人が勝手に犯人探しをしたりすると余計にストレスがかかるので、「いつでも相談に乗るからなんでも話してね」というメッセージをさりげなく伝え、ゆっくり見守ります。

METHOD
11

話を「しっかり」と伝える
——どんな言い方がいちばん伝わる?

　大人が「言うことを聞きなさい」と熱心になるほど、子どもはかたくなに抵抗してきます。

　すると大人のほうも気持ちが高ぶり、売り言葉に買い言葉のような状態になり、子どもに本当に伝えたいメッセージが伝わらず、**かえって反感を買い、子どもの自尊心を傷つけてしまう**だけに終わってしまいます。

　とはいえ、伝えるべきことはしっかり伝えなければなりません。そこで、親としては、**メッセージを効果的に伝えられるスキル**を知っておくと、お互いにストレスが少なく、尊重し合う関係がつくりやすくなります。

　アメリカの児童心理学者、アデル・フェイバとエレイン・マズリッシュは、子どもとの対話法についての草分け的存在だった児童心理学者、ハイム・G・ギノット博士のもとで学びながら、10年以上かけて親子向けのワークショップを数多く重ねました。

　その結果、**次の5つのスキルを使うと、メッセージが効果的に伝わりやすくなる**ことがわかりました（『子どもが聴いてくれる話し方と子どもが話してくれる聴き方大全』きこ書房）。

　これらのスキルによって、親子が歩み寄れる空気ができてくるとフェイバらはいいます。

話を「しっかり」と伝えるにはどうすればいい？

■「ありのまま」を伝える

子どもが不注意やいたずら、あるいは怠けたりサボったりして何か悪いことが起きると、「何度言ったらわかるの⁉」「無責任」「○○する資格なし」などとつい口にしたくなります。

ですが、そうは言わずに言い方を変えて、**実際に起きたことだけ、ありのままを伝えます**。

子どもは、自分の悪いところを指摘されると反抗したくなるので、**むしろ、ありのままを伝えて何をすべきか考えさせる**ほうが効果的です。具体的に起きたことだけを言われた子どもは、自分で問題解決の方法を見つけようとするからです。

牛乳をこぼしてしまったとき

なにしてんの！　逆効果

牛乳がこぼれちゃったね　効果的

ゲームをやめる時間を守らないとき

約束を守れないなら、もうゲームする資格なし！　逆効果

○時だけどゲームをやっているのね　効果的

責めるより、ありのままを伝える

■「情報」を与える

　責める言葉は不要です。「手伝ってくれたら助かるな」「冷蔵庫に片づけないと腐っちゃうよ」といった、「いまやることがどんな良い（あるいは悪い）結果につながるのか」を情報として伝えます。

■「一言」で言う

　靴下が脱ぎっぱなしだったり、ルールが守れなかったり、毎日くりかえされるようなことは、長いお説教をするより「○○ちゃん、靴下！」「ボール遊びは外！」と、一言でビシッと決めるほうが効果的です。

　ギノット博士は**「堂々と力強く語るには、簡潔さが必要だ」**といっています。

■「気持ち」を伝える

「好きじゃない」「困る」「イライラする」といった気持ちは、素直な感情を伝えることでメッセージが伝わりやすくなります。コツはその際、**何に対してなぜそう感じるのかも具体的に伝えること**。それによって子どもも、自分の気持ちをどうやって表現するかがわかってきます。

　たとえば、次のような感じです。

「忙しいから手伝ってと言ってるのに、誰も手伝ってくれなかったら、ママは怒りたくなるわ」

「仕事が長引いたから夕飯の支度が間に合わなくてパパは困ってるんだ。ニンジンの皮をむいてくれる？」

■「メッセージ」を書く

　何度言っても伝わらないときは、疲れてしまいます。そんなときは、書いて伝えたほうが効果的なこともあります。

　伝えたいメッセージを紙に書いて、関連する場所に貼っておきます。

言うのに疲れたら、メッセージを書いて貼っておく

METHOD
12

「ケンカの仲裁」をする
—— ケンカも学びの場にできる

　1995年にアメリカ心理学会からジョージ・ミラー賞を受賞した心理学者、ジュディス・リッチ・ハリスは、子どもの成長は親や家庭次第で決まるという「子育て神話」に反対し、子どもはさまざまな集団の中で自ら学び、外の世界からも大きな影響を受けることを実証しました。

　ハリスによると、**子どもの人格形成は、友だちや仲間の影響を大きく受ける**といいます。

　子どものコミュニケーション力も、家庭の中で親と緊密に過ごすだけでなく、家庭の外に出ていろいろな人と関わり、時にはぶつかり合うことで、しっかりと育まれていきます。

　外の世界との関わりのひとつとして、白梅学園大学で臨床教育学を専門とする増田修治教授は、**3歳くらいから小学校低学年くらいまでのケンカ体験は重要**だといいます。

　子どもは泣いたり泣かされたり、手を出したり出されたりして、心や体の痛みを体験しながら力加減を学んでいきます。ケンカをしないまま成長すると、力加減がわからず、いきなり相手に大ケガをさせてしまうようなことも起こり得ます。

　増田教授は「**ケンカにもルールと教育が必要**」だといいます。また、ケンカをさせっぱなしにするのではなく、ケンカをした後に何をわからせるかが最も重要だと指摘しています。

「ケンカの仲裁」はどうすればいい？

■守るべき「ルール」を教える

「目を突かない」「嚙まない」「股間やおなかを狙わない」「爪を立てない」「モノを投げない」といった、**相手を傷つけない最低限のルールは教えておかなければいけません**。場合によっては一生の傷を負わせてしまうリスクまであることをしっかりと理解させる必要があります。

　言葉についても同様です。克服できないコンプレックス（容姿や苦手なことなど）をあげつらうと、相手の心に深い傷を残してしまうことをきちんと教えます。

■「互いの言い分」を言い切らせる

　増田教授は「ケンカは互いの言い分のぶつかり合い。だからこそ、最後まで互いが言い分を言い切ることが大事」といっています。

　言葉でとことん言い合いをさせて、もう言うこともなくなって興奮が収まってから、大人が**「何が原因だったか」「何がイヤだったか」「どうすれば防げたか」**と、ケンカの内容について考えさせるべきだといいます。

■エスカレートしそうなときは止める

　とくに男の子同士だと、ある程度のぶつかり合いが起こるのはしかたないものの、**暴力がエスカレートしてしまう場合にはまわりの大人が力ずくでやめさせる必要があります**。

■ 必ず最後は仲直り

　お互いに納得感を感じるところまで言い分を言い切らせたら、**最後は必ず仲直りで終わらせます。**子どもはケンカと仲直りをくりかえしながら、どうしたら相手を傷つけてしまうのか、逆にどうすれば相手にイヤなことをやめてもらえるか、どうやって友だちと仲よくやっていくべきかを学んでいきます。

明日の体育までに
逆上がりができるように
なりたい！

私も鉄棒で
遊びたい！

ふたりで仲よく
使うことは
できないかな？

双方の言い分を聞いて、仲直りをうながす

■ 子どもの話をよく聞く

　いつもより攻撃的だったり、すっきり仲直りできずモヤモヤが残ったりする場合は、**ケンカをした直接的な理由のほかにストレスの原因がないか**、時間をとって子どもの話をじっくり聞いてみます。

METHOD 13

「感情」をコントロールする

——コミュニケーションの核となる力

子どもは「湧き起こる感情を他の人にうまく表現すること」、また「他の人の気持ちを理解すること」を成長とともに身につけていく必要があります。

発達心理学者の渡辺弥生教授は、感情を表現するスキルは、生活の中で**家族や友だち、先生とのやりとり、あるいは地域の人々から教えられて学んでいく**といいます。

一昔前までは、たとえば「イヤだ」「苛立たしい」「恥ずかしい」といった気持ちの存在やその言葉の意味、そうした気持ちの調節の仕方を、私たちは周囲の環境から無意識のうちに教わってきました。

ところが最近では、少子化・核家族化で、地域とのつながりや遊ぶ場所も少なくなってしまったので、子どもたちには意識的にこうした**感情のコントロールの仕方を教えていく必要がある**、と渡辺教授は指摘します。

知識はたくさんあるのに、感情が安定しなかったり相手の気持ちをくみとれなかったりするせいで、その能力を生かしきれない大人が増えています。

感情のコントロールはコミュニケーションに欠かせない土台であり、さまざまな人と協力し合って生きていくためにも、ぜひ身につけたいスキルです。

うまく「感情」をコントロールするにはどうする?

　児童心理学者、ハイム・G・ギノット博士は「子どもたちは肯定的な気持ちになれば、肯定的に行動する。**子どもが肯定的な気持ちをもてるように助ける方法は、子どもたちの気持ちを受け入れることだ**。いつも気持ちを否定されると、子どもたちは混乱したり激怒したりしかねない。それどころか、自分の気持ちなど知る必要はない——『自分の気持ちなんか信じるな』と、教えていることになる」といっています。

　そこで、ギノット博士のもとで学んだ児童心理学者、フェイバとマズリッシュは、10年にもおよぶ調査の結果、**子どもの気持ちを尊重する方法**を編み出しました(『子どもが聴いてくれる話し方と子どもが話してくれる聴き方大全』)。

■注意を傾けて聞く

　誰かに話を聞いてほしい、共感してほしいと思うのは、自分以外の人にその気持ちを知ってもらいたいからです。

　とくに気をつけたいのは、それが否定的な感情の場合です。その気持ちをただ**否定**したり、**道徳的なだけのことを言う**と、**子どもの気持ちは離れていきます**。

　そして何よりも、何かをしているついでに口先だけで答えるのではなく、**まずは手を休め、子どもに集中して聞いてあげること**。フェイバらは「子どもたちが最も必要としているのは、共感しながら〝黙って〟聞いてくれることだ」といっています(03「子どもの話を聞く」参照)。

■「相づち」で気持ちを認める

「まあ」「ふうん」「あらあら」「ほんと」といった相づちを口にしながら話を聞いてあげると、**子どもは自分の考えや気持ちを見つめなおし、自分で解決法を見つけようとします。**

そこで問いただされたり、責められたり、あるいはアドバイスされたりすると、子どもはかえって自分の気持ちや問題の本質がわからなくなり、建設的に考えられなくなるとフェイバらは指摘します。

■感情に「ラベル」をつける

ただ感情をなだめるなどして、子どもの気持ちを無理にどこかへ追いやろうとすると、子どもは余計に混乱します。

親が子どもの気持ちに対して「イライラするね」「悲しいね」といった言葉で感情の種類を表現する、すなわちラベルをつけてあげると、**子どもは自分の内面が見えるようになり、落ち着くことができます。**

もちろん、子どもがその言葉に反発することもありますが、フェイバらは、そんなときにはただ共感してうなずきながら、**黙ってそばにいてあげることが大切だ**といっています。

■一緒に空想する

子どもがないものねだりをするとき、大人は無理な理由を論理的に説明しがちです。しかし子どもは多くの場合、「何をどれだけほしいか」をわかってもらいたいだけなのです。

「○○を出す魔法があったらなぁ」「ここがもし××だったら

〜」といった空想の世界を語ってあげると、子どもは気持ちをコントロールしやすくなると、フェイバらはいっています。

■ 感情の強さを「客観視」する

さらに渡辺弥生教授は、自分の感情を数値化する「感情の温度計」を使い、**感情の強さを「見える化」して認識させる**ことも、感情のコントロールに役立つといっています。

たとえば怒りやイライラを感じる際、「大声で怒鳴りたくなる」「モノを壊したくなる」といった感情を 10 とすると、**いまの気持ちはどの程度かを確認させる**と、子どもは自分の感情を客観視できるようになります。これは「メタ認知」と呼ばれています。

さらに、「場所を変える」「深呼吸をする」「水を飲む」といった自分なりの対処の仕方を決めておくと、感情のコントロールがしやすくなります。

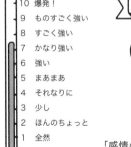

10 爆発！
9 ものすごく強い
8 すごく強い
7 かなり強い
6 強い
5 まあまあ
4 それなりに
3 少し
2 ほんのちょっと
1 全然

感情の温度計

「感情の温度計で言うと、どのくらい？」
などと聞いて、感情の強さを客観視させる

「スマホのルール」をつくる
―― 依存のリスクから子どもを守る

KDDI が 2018 年 11 月に行なった調査によると、小学生の携帯電話やスマホの所有率が、都市部では**3年生を境に約半数以上にもなる**ことがわかりました。

2019 年 2 月には文部科学省がこれまでの小・中学校への携帯電話の持ち込み原則禁止の方針を見直すことを明らかにしたので、**今後はさらに低年齢化する可能性があります。**

ベビーカーに乗った幼児が親のスマホを手に遊んでいる光景は、いまや当たり前になっています。もはや幼い子どもにとっても、スマホは日常と切り離せない存在になりつつあります。

■子ども自身の「判断力」を育てる

子どもへの ICT（情報通信技術）教育に詳しい和歌山大学教職大学院の豊田充崇教授は、スマホやゲームなどを遠ざけたり禁止したりする「制限」よりも、**子どもたちの「判断力」を育成することが重要**といっています。

オンラインゲームをはじめ、ネット依存の治療と研究に取り組む国立病院機構久里浜医療センターの樋口 進 院長も、ネットに依存する子どもを一方的に責めたり、親の考えを押しつけたりするのではなく、**本人が問題に気づき、変わる意欲をもてるようにうながす接し方が大切**と呼びかけています。

「スマホのルール」はどうつくればいい?

■メリット・デメリットについて書き出す

スマホについて、「友だちと連絡が取りやすい」「わからないことがすぐに調べられる」といったメリット、「目が悪くなる」「勉強の邪魔になる」「返事がめんどくさい」といったデメリットを、**親子で話し合って書き出します**。

メリットと思えることでも、じつはデメリットの引き金になっている場合も多いことに気づかせます。

■親子で「利用時間」を決める

親子でスマホの利用時間を毎日記録してみます。そして、平日と休日に分け、それぞれ**「何時から何時までのあいだは使っていいか」「1日の利用時間は何時間にするか」**を決めます。「スマホを使う場所」や「使わない場合の置き場所」は、家族の目が届くところに決めます。

子どもにはルールを課しつつ親は24時間使い放題という状態だと、子どもはルールを守る気になれないので、**親子一緒にルールを守るようにします**。守れなかったときは丸一日使用禁止にするなど、ペナルティもどうするか話し合って決めます。

■「やってはいけないこと」を教える

以下のようなルールをきちんと理解させます。

・ネット上に、名前や住所、電話番号、学校名やテスト、通知表など、個人が特定できるような情報は載せない。

・薬物や武器、自殺、暴力、大人向けのサイトは見ない。

・LINE や SNS などで人の悪口や噂、不満などを書かない。

・SNS で自分や他の人の個人情報は送らない。

利用時間は？　　　　　どこで使う？　　　やっては
　　　　　　　　　　　　　　　　　　いけないことは？

ルールを決めて、目の届くところで使わせる

■「取り引き」には応じない

　勉強することと引き換えに時間の延長を要求してきても、応じないようにします。また、親のほうも「ネットの時間を減らしたら〇〇を買ってあげるよ」といったかけひきは NG です。

　一度でも前例ができると、なしくずし的にルールを破ったり、要求がどんどんエスカレートすることになるからです。

　一方で、少しでも自分なりに管理できるようになれば、積極的にほめてあげることも重要です。

■「フィルタリング」で子どもを守る

　まだルールの内容が完全に理解できない年齢では、ウェブサイトのアクセスを制限したり、アプリをダウンロードできない

ように設定できるフィルタリングサービスを活用します。

　フィルタリングをかけると使用が限られてしまうので、成長に合わせて制限をゆるやかにしながら、**子ども自身の判断力を養っていきます。**

■「デジタル・デトックス」のすすめ

　樋口医師によると、一定の時間、スマホやパソコンなどのデジタル機器にまったく触れない「デジタル・デトックス」が注目を集めているそうです。

　デトックスとは「解毒」という意味で、**ネットから抜け出してオフライン休暇を取ろう**というもの。

　休みの日には親子でスマホやゲーム機を家に置いて自然の中で過ごすと、「五感をフルに使えて、ネットの呪縛から解き放たれる」と樋口医師は勧めています。

■依存気味になったら専門の医療機関へ

　中高生になると、ネット依存で昼夜が逆転し、学校へ行けなくなるというケースも多くあります。

　オンラインゲームには依存させる仕掛けがあり、**依存症になると理性をつかさどる脳の前頭前野の機能が低下していきます。**この機能が落ちると、衝動や欲求のコントロールがますます難しくなるので、やればやるほど悪循環に陥ります。

　2019年には世界保健機関（WHO）が「ゲーム障害」を新たな疾患として認めています。深刻な状態なら、依存症を専門にする精神科を受診しましょう。

METHOD

15

「家族会議」を開く
——子どもと話す機会をつくる

　最近では、平日は子どもの習い事や親の仕事の都合で忙しいうえに、ようやく週末に一家がそろっても、各々がスマホやゲームに気を取られ、**家族の会話が少なくなってしまいがちです**。子どもに話しかけたところで、「知らない」「わからない」「忘れた」といった返事しか返ってこないと、なかなか話も弾みません。

　こうしたふだんからのコミュニケーション不足は、**親子の信頼関係にも影響します**。

　子どもが問題行動を起こすなど困った事態になってから、あわてて本音を聞き出そうとしても、子どもはそう簡単に心を開いてはくれません。

　カリフォルニア大学アーバイン校の臨床児童青年心理学者、ロバート・マイヤーズ准教授は、家族の絆を強め、信頼関係を築くために、**定期的に「家族会議」を開く**ことを勧めています。

　家族会議を開くと、自分の気持ちを表現するのが得意ではなかった子どもも少しずつ声を出せるようになり、家族に自分の意見を知ってほしいと思えるようになるといいます。

　家族会議は、お祝いをしたり、感謝し合ったりするなど、**家族一緒に幸福感や楽しさを共有する「チームビルディング」の時間**でもあります。

「家族会議」はどうやって開けばいい?

■家族全員が集まれる日時にする

　週末の夕食時など、家族みんなが集まれる曜日と時間をあらかじめ決めておきます。

　1週間に一度できると理想的なのですが、難しい場合は1か月に一度でも集まれるとよいでしょう。

■みんなが発言できる質問をする

　家族全員が発言できるような質問をします。進行役を子どもにまかせると、子どもは自分が一人前として認められているように感じ、自尊心がアップします。

　進行役は、たとえば以下のような質問を投げかけたり、答えをうながしたりします。

・今週はどうだった?

・来週はどんな予定?

・来週の目標は?

・家族が私にこんないいことをしてくれた!

・私は家族のためにこんないいことをやった!

・今度行ってみたいところは?

・いま欲しいものは?

・そのほか、家族に話したいこと、質問やお願い、ルール決めや休みの計画など

来週の分担はどうしますか？

・ゴミだし
・せんたくものをたたむ
・おさらをあらう
・おふろそうじ

質問は決めておき、司会は子どもにまかせる

■家事の分担を決める

　家族は小さなコミュニティであり、**子どもも家族というチームに欠かせない戦力です**。家族一人ひとりが何の家事を手伝うか、話し合って分担します。

■書き出す

　家族一人ひとりの目標やお手伝い、家族みんなが守りたいルールなど、決まったことを紙やホワイトボードに書き出し、「見える化」します。

■最後には「お楽しみ」を準備しておく

　かたくるしい会にしたり、お説教タイムにしてしまっては逆効果です。家族同士でケンカをし、家の中に緊張感が漂っているようなときは、**外に出て散歩をしながら話すなど、場所を変えてみます**。そして、会議の最後にはみんなが「楽しかった」という気分で終えられるよう、ゲームや料理、映画など、家族一緒の「お楽しみ」を準備しておくとよいでしょう。

METHOD
16

「挨拶」をする
—— 義務ではなく、楽しめるように

　私たちは一日の中で何度も挨拶の言葉を交わします。挨拶は世界共通の習慣で、コミュニケーションの入り口です。

　心理現象のひとつに「ザイオンス効果」というものがあります。これはスタンフォード大学の心理学者だったロバート・ザイオンス名誉教授が発見した**「同じ人やモノにくりかえし接触すると、好感度や印象がアップする」**という法則で、単純接触効果とも呼ばれています。

　挨拶は、この効果を引き出すためにとても便利な方法です。子どものころから挨拶の習慣が身についていれば、**成長してからもさまざまな人づきあいの大きな助けになります。**

　子どもの数が多く、近所や親戚同士のつきあいも頻繁にあった時代には、いろいろな人と挨拶を交わす機会がありました。

　子どもはそうした環境で自然と挨拶を覚えていったのですが、昨今は地域とのつながりも薄れ、**挨拶をする機会が格段に減っています。**そのため、挨拶することを大人が意識して教えていく必要があります。

「挨拶」はどういうふうにしたらいい？

■ 親自身が挨拶をする

　子どもは親の言動に敏感で、日々いろんなことを観察してい

ます。どんな場面でどんな挨拶をするかも、親を手本にしなが
ら覚えていきます。

　親は「おはよう」「いってきます」「ただいま」「おかえり」
「いただきます」「ありがとう」「ごめんなさい」「おやすみ」な
ど、家族に対して意識的に言葉をかけるようにします。

■挨拶をされたら、必ず返す

　挨拶は、相手の存在を認め、自分の存在を認めてもらうこと
です。挨拶をしてくれる人には、必ず挨拶を返すように教えま
す。

　挨拶を返さないと無関心だと思われます。**無関心は「相手の
存在はどうでもいい」というメッセージになり、最も相手を傷
つけます。**お互いに挨拶を交わし合うのはコミュニケーション
の基本です。

■気持ちをこめて

　挨拶の「挨」には「心を開く」、「拶」には「相手に近づく」
という意味があるそうです。挨拶をするときはその言葉の意味
を思い出しながら、**相手の顔を見て、気持ちをこめて声をかけ
るように心がけます。**

　子どもにはスキンシップをまじえて、ハイタッチやハグをし
ながら挨拶をすると、とても喜びます。

　スキンシップをとることで、先にも触れた**愛情ホルモン「オ
キシトシン」の分泌をうながせる**というメリットもあります
（05「『スキンシップ』を大切にする」参照）。

■できなくても責めない

　子どもが挨拶をしないときには、「恥ずかしい」「照れくさい」「素直になれない」といった思いがあります。けれどもそこで、「どうして言えないの?」と強要したり叱ったりすると、子どもはかえって反発し、**挨拶をすることが楽しくなくなってしまいます**。他の子と比べてできないことを責めるのも逆効果で、かえって萎縮することもあります。

　挨拶が苦手な場合にはあせらず、「**〇〇ちゃんちに着いたら最初になんて言おうか?**」と心の準備をうながしたり、蚊の鳴くような声でも挨拶ができたら一緒に喜んであげるなど、子どものペースに合わせるようにします。

上手に挨拶できたね!

おはよう

できなくても責めず、できたらほめてあげる

「プレゼン力」を鍛える
——うまく話せる「型」を手に入れる

　日本人の多くが人前で話すことに苦手意識をもっています。ところが約1万9000人にプレゼン教育を行なってきた一般社団法人アルバ・エデュの竹内明日香代表理事は「プレゼンがうまいかどうかは能力でもセンスでもなく『技術』であり、**筋トレや楽器の稽古のように練習さえすれば誰でも上手になれる**」と言い切ります。

　たとえばアメリカでは、小さなころから人前で意見を発表する機会を多く与えられ、徹底的にプレゼン力を鍛えられます。代表的なのが、幼稚園や小学校で日常的に行なわれている「Show & Tell」の時間です。

　この授業では、子どもは自分のお気に入りのものを学校へもっていき、クラスメイトや先生の前で、**「これは何か」「どこで手に入れたのか」「どこがお気に入りか」**などをプレゼンします。プレゼンが終わって先生が聞き手の子たちに「質問は？」と尋ねると、次々と質問が出てきます。

　話し手はしっかり準備をし、練習し、プレゼンをして質問に答え、聞き手はよく話を聞き、質問する。**双方向の練習によってプレゼン力が鍛えられていきます。**

　2020年から施行される新しい学習指導要領では「主体的・対話的で深い学び」という学び方が重視され、子どもたちのプレ

ゼンの機会も増えていきます。家庭でのちょっとした習慣も、子どもたちのプレゼン力を育み、自信につなげることができます。

「プレゼン力」を鍛えるにはどうすればいい？

■食事をしながら対話する

　プレゼン力を磨くには、楽器のように日々練習するのが効果的です。そこで、食事の時間を有効活用します。ごはんを食べながら、「どんな1日だったか」「いちばん面白かったことは何か」など、テーマを決めて話をします。

「子どもの話の内容がいまひとつ理解できないときは、最後まで聞いてあげてから『こういうことが言いたかったんだよね？』と内容を再確認してあげるといい」と竹内氏は言います。さらに「それ、いいね」や「面白い！」といった相づちを入れると、子どものやる気がアップします。

■しっかり声を出す

　せっかくのプレゼンも聞こえなければ意味がないので、ふだんからしっかり声を出せるように練習しておきます。子どもの声が小さくて話が聞こえないときは聞き流さず、「聞こえないよ〜」と声をかけるようにします。

■目を見て話す

　演説の天才といわれたオバマ前大統領の大統領就任演説は、聴衆への「アイコンタクト」の時間がスピーチ全体の約半分を占めていたといいます。親自身もふだんから子どもの目を見て

話したり、聞いたりすることを心がけます。

■「語彙力」を高める

「プレゼンは語彙が豊富なほうが圧倒的に面白くなる」と竹内氏はいいます。日常の読書習慣などで語彙が豊富になると**表現力が高まり、プレゼン力もアップ**します。

子どもがふだん使わないような熟語や言い回しも、会話の中でたまに投げかけておくと子どもの記憶のどこかには残るので、ときには高めの球を投げることを竹内氏は勧めています。

■「型」を使う

急に「プレゼンをして」と言われても戸惑ってしまうかもしれませんが、全体の構成に「型」があると話しやすくなるものです。たとえば、「はじめ」「なか」「まとめ」の型を使って話すと、プレゼンがしやすくなります（67「書く③」参照）。

今年の夏、どこに行きたい？

| はじめ |
「今年の夏休みは伊豆に行きたいです」

| なか |
「おじいちゃん、おばあちゃんは温泉に入ってゆっくりできます」
「お母さん、お父さんはおいしいごはんとお酒があってうれしいです」
「ぼくと妹は一日中、海で遊べて最高です」

| まとめ |
「夏休みの旅行は伊豆で決まりだと思います！」

簡単な「型」を使って、プレゼンに挑戦してみる

METHOD 18 「手本」を見せる
――親も子どもと一緒に成長する

ドロシー・ロー・ノルト博士の『子どもが育つ魔法の言葉』には次のようなくだりがあります。

「子どもはいつも、親の姿を見ています」

「親は子どもにとって、**人生で最初に出会う、最も影響力のある『手本』なのです**」

「学ぶ」という言葉の語源は「真似る」と同じです。人は赤ちゃんのときから「真似る」力をもっていて、身近な人の真似をしながら社会性を身につけていきます。

「手本」を見せるにはどうすればいい?

■言葉づかいに気をつける

親がどんなときにどういう言葉づかいをするのか、子どもはよく見ています。

相手の話を聞かず、一方的に自分の言いたいことばかりを口にしていないか、**人を傷つけたり、批判したり、ケンカ腰な言葉づかいをしていないか**、「きっとできるよ」というポジティブな表現ではなく、「どうしてこんなことができないの」というネガティブな表現ばかりになっていないか。

親の言葉づかいは、子どもの言葉づかいだけでなく、心のもちようにも影響します。

■人を尊重する

　家族や近所の人、あるいは見ず知らずの人などに対して親がどのような接し方をしているかも、**子どもは観察しています。**

　道で会ったら挨拶をしているか、お店の人に横柄な言葉づかいをしていないか、立場や肩書きだけで人を評価したり見下したりしていないか、家事に協力せず、パートナーを困らせてはいないか。

　地域や家庭といった身近なコミュニティでの大人の言動は、子どもに大きな影響を与えます。

こんにちは
（挨拶）

ありがとう
ございます
（感謝）

どうぞお先に
（親切）

他人に敬意を示す姿を日常的に子どもに見せる

思考力

自己肯定感

創造力

学力

体力

■**失敗する姿も見せる**

親が仕事に対して情熱をもち、誰かの役に立ったり誰かの人生に影響を与えている姿を見て、**子どもたちは励まされ、勇気づけられます。**

同時に、失敗して落ち込んでいるところも包み隠さず、そこからまた立ち直って楽しく生きている姿を見せれば、子どもも失敗を怖がらず、挑戦する心をもち続けられます。

■**健康に気を配る**

子どもにバランスのよい食事を食べさせたり、テレビやゲーム、スマホなどで夜ふかしするのをやめさせたいと思ったら、**親自身がまず実践する必要があります。**

健康的な食事やおやつを家族みんなで食べ、親もテレビやゲーム、スマホの時間を減らして散歩したり自転車で出かけたりするなど、外遊びの計画を立てるといいでしょう。

■**怒りを静める**

子どもがかんしゃくを起こしたり、イライラして泣き叫んだりしたときは、親は**ひと呼吸置いて落ち着かせてから話しかける**ようにします。

とはいえ親のほうも、感情にまかせて大きな声をあげ、厳しい言葉を子どもにぶつけてしまうことがあります。そんなときは**大人がきちんと非を認めて謝る**ことも、親として手本を見せるべき大事な言動です。

SECTION 2

思考力
をつけるには？

「考えるチャンス」を最大限に増やす

THINKING

「好きなこと」を見つける
——機会がなければ見つからない

ハーバード大学テクノロジー起業センターで初代フェローを務めたトニー・ワグナー博士は、「若きビル・ゲイツやスティーブ・ジョブズ、より最近ではマーク・ザッカーバーグ（中略）、彼らには毎晩遅くまでプログラムを書くよう脅したりおだてたりする『タイガー・マザー』（スパルタ式の厳しい母親）はいなかった。**彼らにあったのは情熱だ**」といっています（『未来のイノベーターはどう育つのか』英治出版）。

ワグナー博士がイノベーターとその親、教師、メンター（指導者）に計150件以上のインタビューを行なったところ、**最もよく出てきた言葉は「情熱」**でした。

また、臨床心理学者のジョセフ・バーゴ博士によると、お金や名声を熱望している人よりも、**純粋に好きなことに打ち込んでいる人のほうが成功しやすい**といいます。

時間を忘れて没頭するほどの情熱は、「もっと知りたい」「上手になりたい」という気持ちを引き出し、そのためにはどうすべきかと考えを深める力を伸ばしていくのです。

「好きなこと」を見つけるにはどうすればいい？

■「したことのないこと」に注目する

子どもに「好きなことはなにか」と聞いても、自分には好き

なことがないと言うかもしれません。

しかし創造性とイノベーション教育を専門とするイギリス・ウォーリック大学のケン・ロビンソン名誉教授は、**これは「機会の有無」にかかっている**といいます（『才能を磨く』大和書房）。

いま子どもにとってそんなに夢中になれることがないとしたら、一度もやったことのない分野に対して**心をオープンにし、積極的にトライしてみる**ことをロビンソン名誉教授は勧めています。

■子どもの行動を知る

また、ロビンソン名誉教授は、「好きなこと」を見つけるには、日常の行動パターンを「見える化」するとよいといいます。**学校、習い事、遊び、食事など、ざっくりと書き出します。**さらに学校の時間割、習い事の種類、遊びの時間に何をやっているかなど、その中身を具体的に書いていきます。

■「夢中になっていること」を見つける

そうして書いた項目のそれぞれに対して、**「好き」「嫌いではない」「嫌い」で色分けをします。**何をしているときにワクワクするか、楽しくてしかたないのか。子どもの「好き」を探します。

「得意なこと」と「好きなこと」が一致することもありますが、ハーバード・ビジネス・スクールの社会心理学者、テレサ・アマビール名誉教授は、素晴らしい才能をもってはいても何事も達成しない人はたくさんいるといいます。

大人も子どもも心の内から湧き出る**強いモチベーションがあ
るとき、ベストを尽くして達成をめざします。**達成と情熱には
強い関連性があるとアマビール名誉教授はいっています。

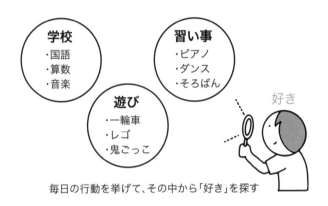

毎日の行動を挙げて、その中から「好き」を探す

■ひとつのことに縛られない

　国際数学オリンピックで日本人女性初の金メダルを獲得、現
在は数学者でありジャズピアニストとしても活躍する中島さち
子氏は、いまや「各自が自分の専門の穴をひたすら掘り下げて
いた時代」から、「違う分野からのアプローチや他分野の専門
家との**コラボレーションによって新しい知見が生み出される時
代**」に変わったと語ります。

　複数の分野でさまざまに脳を使って、**違ったものの見方を取
り入れていく経験は、イノベーションの原体験になります。**

「好きなこと」をひとつだけに絞らず、複数の分野を掘り下げ、
横断していくことが、これからの教育に求められると中島氏は
いっています。

METHOD
20

「観察眼」を磨く
—— 生まれながらの能力を伸ばす

「君は見ている、だが観察はしていない。見るのと観察するのは大きな違いなんだ」

これは、シャーロック・ホームズの有名なセリフです。物事を受動的に吸収するのではなく、積極的に注意して観察しようとする姿勢が、名探偵ホームズの並外れた推理力を支えていたのです。

最近はビジネスの世界でも、**新しいニーズや課題を発見する方法として「観察」**が注目されています。

市場調査において、アンケート等に回答してもらうだけでなく、ありのままの生活ぶりや環境、日ごろの言動などを深く観察することで、人々が言葉にしない潜在意識まで読み取ろうというものです。

■ 子どもは鋭い観察力をもっている

じつは**子どもには、生まれながらにして優れた「観察眼」が備わっています。**ところがこれまでの教育では、与えられた課題に決まった正解を求めることで、その観察眼を鈍らせてきたのではないかといわれています。

ホームズのセリフにあるように、観察眼を磨くことは、**自分なりの課題を見つけ、新しい気づきを得る力**になります。

「観察眼」を磨くにはどうすればいい？

■一日の出来事をくわしく聞く

子どもにその日起きた出来事について聞いてみます。自分が見たもの、感じたことなどを言葉で表現すると、日々の微妙な変化に意識が向くようになります。

その際、**ときおり「なんでだろうね？」などと疑問をうながす**ようにすると、子どもは「どうしてだろう」「知りたいな」と、もっと積極的に観察しようという意欲が湧いてきます。

■外に出る

子どもが観察眼を磨くには、外に出るのがいちばんです。とくに自然にはたくさんの刺激があります。**毎日、同じ場所に行く**というのもひとつの方法です。特定の場所でも自然は日々、変化していくからです。

■ボードゲームで遊ぶ

外に出られないとき、ボードゲームで遊ぶと、子どもは自分がどうやったら勝てるか、そのつど自分の立場をつかもうとします。そのため、**自然とゲーム全体を広い視野で見るようになっていきます**。これは観察眼を鍛えるよい訓練になります（25「『アナログ』のゲームで遊ぶ」参照）。

■記録を習慣にする

アメリカを代表する19の博物館や研究センターの本部であ

るスミソニアン・インスティテュートでは、博物学者らが小中学生に対し、「ネイチャー・ジャーナル」の記録を勧めています。日記は感情の記録ですが、ネイチャー・ジャーナルは**身のまわりの自然についての気づきを記録**します。

スケッチしたり写真を撮ったりしながら、それがどんなふうに見えたかを記録していくことで、**文章を書く力もつきます**。

じつはスミソニアンの博物学者らプロが日々記録しているものも、その**それぞれの内容は、子どもたちがつける記録とほとんど変わらない**のだそうです。自然のささいな変化など、それだけでは役に立つかわからないようなことでも、少しずつ記録を積み重ねていくことで、世界に誇るスミソニアンの膨大なコレクションや研究成果につながっているのです。

2020年10月10日

天気：晴れ
温度：17℃
湿度：62％

ひつじのような雲が
たくさん出ていた。
色は真っ白で、
もこもこしていた。

「ネイチャー・
ジャーナル」の対象は、
自然のものなら
何でもいい。
続けるほどに
自然を見る目が
鍛えられる。

21

「オープン・クエスチョン」を する

—— 「WHY」「HOW」「IF」を上手に使う

　質問は、大きく２種類に分けられます。

　ひとつは、**クローズド・クエスチョン**です。これは、イエスかノーかで答えられる質問のことです。たとえば「今日の学校楽しかった？」「給食おいしかった？」といった質問だと、「うん」「べつに」という短い返事で終わります。

　もうひとつは、**オープン・クエスチョン**です。これは、答えがひとつではない質問です。「今日学校でどんな面白いことがあった？」「給食では何がおいしかった？」などと聞くと、**答えは子どもの数だけ違ってきます**。

　子どもに何か質問されたときには、「もし〜だったら？」「なんでだろうね？」といった**オープン・クエスチョンで問い返すと、子どもはさらに自分の頭で考えようとします**。

　またオープン・クエスチョンをすると、自然に子どもの話を聞くことが多くなるので、子どもは自分の話を聞いてくれる親をより信頼するようになり、もっとたくさん伝えたいと思うようになります。

　大人でも、イエスかノーかではなく、**具体的な思いや考えを伝えるときは、頭の中をある程度整理してから話さなければいけません**。オープン・クエスチョンは、こうして子どもの考える力を育んでくれるのです。

「オープン・クエスチョン」はどうやってする?

■「前向き」に質問する

　子どもによく言うセリフを次のように言い換えてみます。

「〇〇しなさい!」
→「なぜ〇〇しなきゃいけないんだと思う?」

　オープン・クエスチョンその1は「WHY型」です。

　ただし「WHY」を使うときは、否定文と一緒に使うと逆効果になります。「どうしてできないのか」「なぜ言われた通りにしないのか」などと問い詰めると、子どもは言い訳を考え、それを聞いた親がまたイラッとするという悪循環に陥ります。

　まずは「〇〇したくない気持ちはわかるよ」と共感しつつ、「それでもなぜやらなくちゃいけないんだろうね?　一緒に考えよう」と問いかけてみます。

「どうしてこんなこともわからないの!」
→「どうしたらわかるようになるだろう?」

　オープン・クエスチョンその2は「HOW型」です。

　このときも「どうすべきか」と詰め寄るのではなく、「どうしたらできるようになるだろうね」と寄り添う姿勢が大切です。

　グーグルやフェイスブックでは、「How might we?(どうすればできそうか?)」と質問することを「HMWメソッド」と呼び、アイデアを出し合う効果的な方法として使っています。英語で「might」は「〜かもしれない」「〜もあり得る」というニュ

アンスで、「正解は1つではない」「さまざまなアイデアを受け入れよう」というスタンスで考えるための方法です。

「なんでできないの!?」
→「もし〇〇だったら、××できるかな?」

　オープン・クエスチョンその3は「IF型」です。「なんでできないの!?」といった言い方は、子どもの自信を損ないます。子どもができなくて困っていることがあれば、「もし〇〇だったら～」という表現で"提案"をしてみると、それをきっかけに新しい気づきがあったり、自分でもっといい方法を考えだそうとする意欲にもつながります。

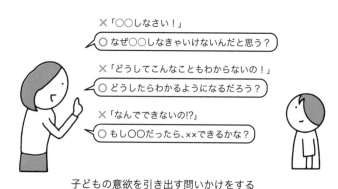

× 「〇〇しなさい!」
〇 なぜ〇〇しなきゃいけないんだと思う?

× 「どうしてこんなこともわからないの!」
〇 どうしたらわかるようになるだろう?

× 「なんでできないの!?」
〇 もし〇〇だったら、××できるかな?

子どもの意欲を引き出す問いかけをする

■アイデアをふせんに書き出す

　そうして子どもから出てきたさまざまな考えを、**ひとつずつふせんに書き出して並べてみる**と、さらに対話が深まり、考える力が養われます。

METHOD

22

「考えるきっかけ」をつくる
——思考をうながす言葉がけとは?

コミュニケーション力

思考力

自己肯定感

創造力

学力

体力

　文部科学省がグローバル化に対応できる人材を育成するため推進しようとしている、小・中・高校生向けの教育プログラムに、国際バカロレアというものがあります。

　国際バカロレア教育は、世界150以上の国・地域にある約5000の認定校で実施され、「**なぜだろう?**」と**くりかえし問いながら、分析を深めていく**対話型の授業を特徴としています。

　多くの卒業生が、起業家など社会のチェンジメイカー(変革者)として世界を舞台に活躍していますが、その認定校の先生が、印象的なことを仰っていました。

「皆、正解を知りたがります。そして、どれが試験に出るのですか、とすぐに聞いてきます。受験勉強では『正解は何だ?』とつきつめていくことが多いからだと思いますが、国際バカロレアでは、『**根拠があれば、それは1つの答えである**』という考えです。だから『自分の意見はどうなの?』『なぜ?』というところを重視しているのです」

　国際バカロレアでは、先生は "教える" というよりも、生徒と共に学ぶ "学習者" であり、授業はあくまでも子どもが主体。**子どもが自分の頭で考え、決断し、行動できる力を伸ばしていく**という理念です。考える力は、教えたり指示するのではなく、子どもに考えるきっかけを与えることで育めるのです。

「考えるきっかけ」をつくるにはどうすればいい？

■答えを教えない

　子どもが何かを聞いてきたら、すぐに答えを教えずに「○○ちゃんはどう思う？」「なんでだろうね？」と問いかけます。**すぐに答えがわからないワクワク感が、子どもの考えるきっかけになるからです。**

　自分で考えようとしないときには、一緒に調べたり考えたりしてあげることで、ただ「答え」を教えるのではなく**「学ぶプロセス」を体験させます。**

■質問させる

　子どもにたくさん質問をしてもらいます。質問したがらないときには、親のほうから「パパ（ママ）はこう思うんだけど、○○ちゃんはどう思う？」などと質問してみます。

　子どもは親を手本に言葉の使い方を覚えていきます。**たくさん質問する子どもは、親も子どもにたくさん質問をしているという調査結果もあります。**

■あえて反論をする

　ディベートや議論を活性化させる手法で、「悪魔の代弁者」という役割をつくることがあります。これは多数派に対してあえて反論する役割で、子どもに対しても、考えを深めるきっかけをつくれます。子どもの発言に対し、**「それって本当かな？」と切り出し、あえて真逆の意見をぶつけてみるのです。**

地球はまるいに決まってるよ

ほんとかなー？
じゃあ、なんで地面は平らなのかな？

「当たり前」に反することを言って、考えるきっかけを与える

■ 自分でルールを考えさせる

　子どもが親の言うことを聞かないのは、**納得できていないか**らです。「○○しなさい！」という命令に効果がないときには、それも思い切って考えるきっかけにしてしまいます。**親の希望を伝えつつ、賛否両論を考えさせる**のです。

　たとえばゲームばかりしているときは、「目が悪くなるから心配だ」「○○ちゃんの話を聞く時間が少なくなるので悲しい」といった親の気持ちを伝えつつ、子どもには、**ゲームをすることのメリットとデメリットを挙げて**もらいます。そのうえで、どういうルールにするのがいいか、自分で考えさせます。

　このプロセスには時間がかかりますが、命令して強制するよりも、子どもが納得したうえでルールを決めたほうが行動は変えやすくなります。

METHOD
23

「失敗」を成長の糧にする
—— 信じて自分で立ち直らせる

「私は失敗したことがない。ただ1万通りのうまくいかない方法を見つけただけだ」という言葉をエジソンは残していますが、私たちが生きているこの世界の文明は、先人たちが積み重ねた試行錯誤の賜物です。

ところが家庭や教育現場では、**子どもたちが失敗し、試行錯誤できる機会が十分に与えられているとはいえません。**

東京大学で「失敗学」という新しい学問に取り組んだ畑村洋太郎名誉教授によると、挫折を知らず順風満帆な人生を歩んできた**東大生の多くには、失敗を恐れてしまう傾向がある**そうです。それゆえ、畑村名誉教授は失敗を「ワクチン」にたとえ、親は子どもにたくさん失敗の経験をさせることで、**心と体に「失敗」という抗体をつくっておこう**と唱えています。

「失敗」を成長の糧にするにはどうすればいい?

■先回りしない

子どもの失敗を心配するあまり、先回りして障害物を取り除いたり失敗から守ろうとしたりする親は「ヘリコプターペアレント」と呼ばれ、**子どもを無気力にしてしまう**ことがあります。

アメリカのメアリー・ワシントン大学が2013年に行なった調査では、ヘリコプターペアレントに育てられた大学生はうつ

病になりやすいという報告がありました。

　畑村名誉教授は「失敗は一見遠回りに見えるが、そこから答えを模索していくやり方のほうが、**どんな場合にも柔軟に対応できる本物の力が身につく**」といっています。

■失敗談を伝える

　子どもたちが失敗や周囲の目を恐れないようになるためには、「親自身もしょっちゅう失敗すること」や「自分がどんな失敗をして、どうくぐり抜けてきたか」を伝えてあげるのが効果的です。**失敗談を笑い飛ばすくらいの余裕を見せておく**と、子どもは失敗を怖がらなくなります。

■自分で目標を決めさせる

　好きなことや興味のあることについて自分で目標を決めると、子どもは途中で失敗しても目標のためにがんばろうと思えます。

■「もっとがんばれ」と言わない

　失敗をしたときにいちばん苦しいのは子ども自身です。そんなときに「もっとがんばれ」と声をかけても追い詰めるだけです。「親ができることはおいしいごはんで**物理的にエネルギーを回復させ、子どものことを信じて見守ってやることだ**」と畑村名誉教授はいいます。

■「失敗=改善の機会」と理解させる

　スタンフォード大学の発達心理学者キャロル・S・ドゥエッ

ク教授は、**失敗を「改善の機会」ととらえられる人は、失敗してもあきらめずに粘り強く挑戦を続けられる**といっています。

　子どもを才能や結果で評価せず、挑戦し続けるプロセスをほめ、子ども自身が「まだできていないだけで、努力すればきっとできるようになる！」と考えられるよう勇気づけます。

■ ふりかえる癖をつける

　さらにドゥエック教授の実験では「**もっとうまくいく方法はあったかな？**」といった声かけをすると、子どもは自分なりに改善点を考え、もっと努力することがわかりました。

　畑村名誉教授も、失敗したときは「こうすればうまくいく」という〝正解〟ではなく、失敗するまでの〝道筋〟を思い起こし、「**なぜ自分はまちがえたのか**」と考えることが必要だといっています。

失敗したときは理由を考えるようにする

METHOD
24

「深掘り」の意欲を伸ばす
―― 成績より過程に注目する

東京大学高大連携推進部門の心理学者である白水 始 教授は「『試行錯誤しながら学ぶ力』は、本来は誰にでも備わっている」といっています。ところが残念ながら、**子どもは成績だけをほめられると、かえって学ぼうとする意欲を削がれてしまう**といいます。

子どもはもともと単純に「楽しい」という理由からがんばるのですが、がんばった内容には触れずに結果だけをほめられ、さらにはごほうびまで与えられたりすると、「点数しか見ないんだな」「自分がやっていたことはごほうびのためだったのか」と、**楽しい気持ちが損なわれてしまう**のだそうです。

コロンビア大学のクラウディア・ミューラー教授らがある公立小学校の生徒を対象に行なった「ほめ方」の実験でも、子どものもともとの能力（＝頭のよさ）をほめると子どもたちは意欲を失い、成績が低下することがわかりました。

白水教授は、「（点数などの）結果だけに注目するのではなく、**取り組んでいる中身や、子どもの取り組み方そのものに気を配ってあげること**」が大切だといいます。

親が子どもの考えをもっとくわしく聞いたり、面白いアイデアや問題の解き方などに関心を向けると、子どもは自分の考えを深掘りしていこうと思えるようになります。

「深掘り」の意欲を伸ばすにはどうすればいい?

■どんなことも「前進」ととらえる

「学習するとは、いままでわからなかったことがわかるようになること」だとシンプルに考えれば、失敗も成長のひとつだと思えてきます。結果がふるわないときには、**どこが足りなかったのか、何が問題だったのか**を一緒にふりかえり、「わかるようになってよかったね」「ほら、一歩前進だ」と声をかければ、子どもの自尊心を傷つけずに伸ばすことができます。

■子どもに質問をする

「なぜだと思う?」「自分ではどう思う?」といろいろ質問してみます。子どもは質問されることで、自分の理解不足に気づいたり、**自分が知りたいこと、やるべきことは何なのかを自分の頭で考えるようになります**。ただし、質問するときには、結果を問い詰めるような聞き方にならないように注意します（21「『オープン・クエスチョン』をする」参照）。

なぜだと思う?

それってどういうことかな?

自分ではどう思う?

「自分の頭」で考えるようううながす

■ 親の好きな分野と話をからめる

子どもが取り組んでいることに対して、親の得意な分野、好きな分野とからめて話してみます。

対話の内容は、子どもの興味に限らなくてもいいのです。さまざまなヒントで視野を広げてやれば、子どもはそれを頭の中でつなげ、あれやこれやといじくりまわして、柔軟な思考力を育むことができます。

■ 「専門家」の言葉に触れる

親がなんでも子どもよりくわしい必要はありません。「餅は餅屋」ということわざがありますが、親が答えられないようなことは、くわしい人に話を聞くと、子どもにとってもためになります。

子どもが興味をもつ分野があれば、**周囲で自分よりくわしい人を探し、子どもが交流できる**機会をつくります。

いまは SNS で積極的に情報を発信したり、一般の人と交流をもったりしている研究者や専門家もたくさんいます。

そうした人と、親がツイッターやフェイスブック、インスタグラムなどでつながって、**子どものために直接、質問してあげる**こともできます。

また、NHK ラジオ第 1 の「子ども科学電話相談」では、子どもたちのさまざまな素朴な質問に専門家が答えており、その内容は本にもまとまっています。

そうした番組や本などで**専門家の言葉に触れる**のも、子どもの知的好奇心を刺激します。

「アナログ」のゲームで遊ぶ

——夢中になりながら頭を使う

子どもが「YouTube を延々と見ている」「オンラインゲームにのめりこんでいる」というのは、いまの親にとってはいちばん悩ましい問題かもしれません。そこでいま、**改めて注目されているのが、カードゲームやボードゲームなど、アナログのゲーム**です。

子どもが驚くほど夢中になり、会話を通じてコミュニケーション力も身につくだけでなく、状況を整理して分析したり、筋道を立てて先の手を考えたり、相手の心理を読んだり、頭を使うトレーニングにもなります。**勝ち負けが決まれば終了、という切りのよさも魅力**です。

カードゲームやボードゲームには、子どもはもちろん、大人も本気で楽しめるものがたくさんあり、子ども、親、祖父母と3世代で盛り上がれるものもあります。

ゲームを教育など社会問題の解決に生かす研究に取り組む、東京大学大学院情報学環の藤本徹講師が勧める、人気のゲームをやさしい順に紹介します。

「アナログのゲーム」、どんなものがいい?

■アルゴ

算数オリンピック委員会や、数学オリンピック優勝者のピー

ター・フランクルらが共同で開発した、相手のカードの数字を推理するゲーム。

0〜11の数字が書かれた黒と白のカード各12枚、合計24枚のカードを使います。

各プレイヤーは、自分から見て左から数字の小さい順に並べるなどのルールに従って手持ちのカードをふせて置き、相手の数字をすべて当てたプレイヤーが勝ちです。**推理力、論理力が鍛えられます。**

■ナンジャモンジャ

ロシア生まれのユーモラスな謎の生物「ナンジャモンジャ」の12種類のカードをめくり、1匹ずつに思いついた名前をつけていき、同じものが出たらより早くその名前を思い出してコールすることを競うゲーム。**ルールはシンプルで、記憶力がものをいいます。**

笑ってしまうようなおかしな名前をつけたり、複雑な名前を思い出せなかったりと、小さい子から大人まで幅広い世代で盛り上がれます。

■ジェンガ

直方体のブロックタワーの中から、プレイヤーが順番にひとつずつブロックを片手で抜き、抜き取ったブロックをいちばん上に載せていき、タワーを倒してしまった人が負けというゲーム。

このゲームもルールがきわめてシンプルで簡単に楽しめるので、**小さな子も含めて一緒に遊ぶのにぴったりです。**

■ブロックス（Blokus）

　フランス生まれの陣取りゲームで、パリ・トイグランプリ、カンヌ国際トイフェスタ、日本グッド・トイなど数多くの賞を獲得しています。

　青・黄・赤・緑に分かれたプレイヤーが、それぞれの持ち駒をボードに１つずつ置いていきます。

　自分のピース同士が角で接する場所にのみピースを置ける（辺で接する場所には置けない）というルールです。勝敗はピースを置いたマスの数で決まります。

ブロックス

置けたブロックの数を競うゲーム。
ルールが簡単なので
親子で気軽に楽しめる

■どこでもドラえもん 日本旅行ゲーム5

ドラえもんの地図すごろくゲーム。各地の地名や位置、移動手段、名産品など、地理の要素はもちろん、**お金の計算も入っており、子どもが興味をもって自然に知識を身につけられます。**世界旅行、宇宙旅行のゲームもついていて、盛りだくさんのボードゲームです。

■モノポリー

土地や鉄道を買収し、家やホテルを建設して資産を増やしていくボードゲーム。80年以上の歴史があり、**世界選手権も開催されるほど、世界中で愛されている人気の高いゲーム**です。モノポリーは英語で「独占」という意味で、他のプレイヤーを全員破産させた人が勝ち。

親が子ども相手に真剣に交渉するなど、家族で楽しみながら子どもの**交渉力や判断力、計画性などを育む**ことができます。

■カタン

これも世界的に大ヒットした、ドイツ生まれの陣取りゲーム。ブロックス同様、数々の賞を受賞しています。

無人島を舞台に、家を建て、資源を獲得し、獲得した資源で陣地を増やしていきます。

マップが2兆通りにも変えられるのが特徴で、毎回変化に富んだゲームが楽しめます。資源をプレイヤー同士で交換するため、お互いにとって利益になる関係にどうもちこむか、交渉力がカギになります。

METHOD 26 「金銭感覚」を身につける
―― 自己管理を体験する

　アメリカでは、子どもたちがレモネードをつくり、庭先で売ってお金を稼ぐ「レモネードスタンド」が夏の風物詩です。自分でお金をどうやって稼ぎ、それを使うのか貯めるのかを考え、売り上げを学校や慈善団体に寄付することもあります。

　また、まだ学生のころから、**お金をどうやって増やすか**といった問題に積極的に向き合い、高校では金融や投資に関する知識を教えてくれる授業もあるようです。

　世界的に有名な投資家、ウォーレン・バフェットは「**小さいころに養った金融の習慣は、大人になっても続く**」といい、金融の素地がなければ成功する起業家になれないと述べています。

　日本でも老後の資金が話題になったように、今後はこれまで以上に自分で自分のお金を守り、増やして、備えていかなければいけない時代です。**幼いころから金銭感覚を身につけておく**ことは、子どもたちの未来にとって欠かせない力になります。

「金銭感覚」を身につけるにはどうすればいい？

■「おこづかい教育5か条」を伝える

　ファイナンシャルプランナーで、子どもの金銭教育の啓蒙活動を行なうNPO法人「マネー・スプラウト」の設立者である

羽田野博子氏は、子どもの金銭感覚を育てるうえでの「**おこづかい教育5か条**」を掲げています。以下の5つの心得を、子どものころから体感させておくことが大切だといっています。

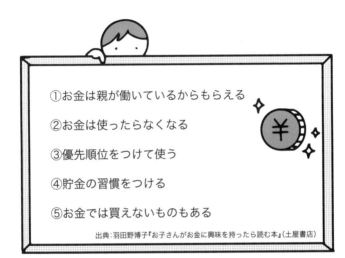

①お金は親が働いているからもらえる

②お金は使ったらなくなる

③優先順位をつけて使う

④貯金の習慣をつける

⑤お金では買えないものもある

出典：羽田野博子『お子さんがお金に興味を持ったら読む本』(土屋書店)

子どもに伝えるべき「おこづかい教育5か条」

■「100円」で買う練習をする

羽田野氏は限られた予算の中で何が買えるかを考えてやりくりする練習を勧めています。一緒に買い物に行き、おこづかいとは別に「好きなものを買っていいよ」と100円を渡します。

■「必要」か「欲しいだけ」かを考えさせる

金銭感覚で重要なのが、お金の使い方です。まずはおこづか

いを通じて「やりくり」を経験させます。

羽田野氏はその際、「必要なもの」か、必要はないけれど「欲しいもの」かに分けるよう考えさせ、学年が上がるにつれて、**文房具などの必需品も自分のおこづかいから買わせるようにする**と、優先順位をつけて使うことを学べるといいます。

■自分の財布をもたせる

おこづかいは子ども専用のお財布を用意して入れておき、お年玉などまとまった金額を手にしたときは、子ども専用の銀行口座に預金することを羽田野氏は勧めます。

ちなみに小学生のおこづかいの相場は、**2015年度の調査では「月に1回、500円」との回答が最も多数でした**（金融広報中央委員会）。できれば、「おこづかい帳」をつけて何を買ったか、いくら使ったかを記録させます。

ものを失くしてしまったときは、**「おこづかいで買い直すか、それでも足りない場合は子ども自身の貯金から使う」**とよいそうです。ものを大切にしないとお金はどんどんなくなることを実感でき、自分のものには自分で責任をもつ感覚を学べるからです。

■使い方に口を出さない

子どもが後先を考えずに使ってしまうことがあっても、口を出さないようにします。お金は使うとなくなってしまうというほろ苦い体験は、**「お金を使うときはよく考えて、ときには我慢することも重要だ」**という教訓につながります。

METHOD
27

「やり抜く力」を養う
―― 努力と情熱がものをいう

　英語で「グリット」とは、目標に対して興味をもちつづけ、**困難や挫折を味わってもあきらめずに努力を続けられる力**、すなわち「やり抜く力」のことです。

　アメリカの教育省が21世紀教育の最重要課題として掲げ、オバマ前大統領やマイクロソフトのビル・ゲイツ、フェイスブックのマーク・ザッカーバーグをはじめ、各界のリーダーたちがこの「グリット」を重要視しています。

　グリット研究の第一人者であるペンシルベニア大学の心理学者アンジェラ・ダックワース教授は、**人が偉業を達成するには才能よりもグリットが重要である**ことを科学的に実証しました。

　さらに、グリットを計測する方法を独自に編み出したところ、社会的に活躍している人々はその数値が高いことがわかりました。

　グリットが強い人は、自分のやるべきことを最後まで成し遂げやすいこと、また、グリットは幸福感や健康とも比例していることがわかっています。

　グリットの強さには遺伝的な影響もありますが、ダックワース教授は、グリットは「伸ばせる能力」だといっています（『やり抜く力』ダイヤモンド社）。

「やり抜く力」はどう伸ばす?

■好きなことを見つける

ダックワース教授は「その道を極めた達人でさえ、最初は気楽な初心者だった」といい、**「必死に努力する以前に、まずは楽しむことが大事」** と述べています。

アメリカの教育心理学者、ベンジャミン・ブルーム博士の研究でも、なにごとも習い始めの時期には、やさしくて面倒見のよい指導者を得ることが重要であり、**威圧的で厳しすぎる両親や教師は、子どものやる気を損なってしまうことがわかっています。**

まずは子どもがどんなことに情熱を感じているか、興味の対象が何かをじっくりと観察します(19「『好きなこと』を見つける」参照)。

■「少し高めの目標」を設定する

情熱を傾けられることが見つかったら、少し高めの目標を設定し、それをクリアするために練習します。できれば**同じ時間に同じ場所で練習することを「日課」**にします。好きなことがまだ見つからない場合でも、毎日の宿題や運動などで、少し高めの目標を設定して練習を重ねれば、勤勉さが身につきます。

ヒューストン大学の心理学者、ロバート・アイゼンバーガー教授は自身の研究から、勤勉さは練習によって身につけることができ、**難しいことに取り組むことで、ほかの難しいことにも取り組めるようになる**と結論づけています。

難しいことをがんばっていると、
ほかのこともがんばれるようになる

■すぐにやめない

「先生に怒鳴られた」「試合で負けた」「朝練がつらい」といっ
た一時の感情に流されず、**始めたことは区切りのいい時期まで
一生懸命取り組む**ようにします。

■親が手本となる

ブルーム博士が世界トップクラスのスポーツ選手や芸術家を
対象に行なった研究では、**親が子どもたちにとっての「努力の
手本」**となっていることがわかりました。

ダックワース教授は、親も自分にハードな目標を設定し、「そ

れに対してどれくらいの情熱と粘り強さをもって取り組んでい
るか」、そして「子どもが自分を手本にしたくなるような育て
方をしていると思うか」を考えるべきだといっています。

■ ほめ方に気をつける

　生まれながらの才能や結果、成績を評価するよりも、努力の
過程をほめたり、「もう少し時間をかければできるようになる
よ」とあきらめないよう励ますほうが、努力できる能力を伸ば
すことにつながります（76「ほめる」参照）。

■ グリットの強い人で囲む

　グリットの強い人たちに囲まれていると、自分も自然に連帯
感や共同体のような意識を抱くようになります。ダックワース
教授の家庭では、家族全員がそれぞれ、ハードなことに挑戦し、
粘り強く続けることを実践しているといいます。グリットは集
団の力でも養えるのです。

METHOD
28

「男女の違い」に対応する
―― 特徴を知って能力を伸ばす

　人間の脳には右脳と左脳があります。左脳は主に言語表現や論理的思考をつかさどり、分析的な役割をします。右脳は主にイメージの認識や空間の把握（はあく）、直感やひらめき、想像力をつかさどり、情緒的な役割を担います。

　脳の発達でみると、男の子は男性ホルモンの影響によって成長ホルモンが抑制されるため、体と脳の成熟が一時的に抑えられます。そのため、**男の子のほうが女の子より脳の成熟が遅いことがわかっています。**

　女の子は左脳が早く成熟し、脳の左右のバランスを取るために両脳をつなぐ脳梁（のうりょう）も男の子より太くなります。一方で男の子は女の子に比べて左脳の発達が遅く、右脳が発達していきます。

　そのため、女の子は言語能力に優れ、器用でさまざまなことを同時にこなせる要領のよさがあり、男の子はひとつのことに集中して取り組み、図形や空間認識が得意な傾向にあります。

　もちろん得意・不得意は個人差によるものが大きいですが、**子どもの場合はこうした男女の脳の発達の違いから生まれていることもあります。**

　それぞれの特徴を理解しておくと、子どもの能力を無理なく伸ばすことができます。

うまく「男女の違い」に対応するにはどうすればいい?

■男の子は、たくさんしゃべらせる

男の子は言語表現をつかさどる左脳の発達が女の子に比べて遅くなります。

男の子に話しかけてもいつも答えがひと言だけ、という感じでも、発達面では自然なことなのです。

そこで男の子にはオープン・クエスチョンで質問してたくさんしゃべらせ、大人は聞き役に徹します。

男子の教育に詳しい開成中学・高校の柳沢幸雄前校長は「言いたいことを伝えられるのは、『言葉ではなく論理』。論理を理解する基盤を育てるには、子どもがセンテンス(文章)を最後までしゃべり終えるようにうながすこと」といっています(『男の子を伸ばす母親が10歳までにしていること』朝日新聞出版)。

■女の子は、自信をつけてあげる

女の子は男の子に比べて左右の脳がバランスよく発達するので、さまざまなことを同時に器用にこなすことが得意です。いっぽう、そのバランスを崩さないように失敗を避け、**周囲の期待に応えようと生真面目にがんばりすぎる**傾向があります。

女の子には、まず家庭をなんでも話せる安全な場所にすること、そしてスモールステップで成功体験を積ませることで、自信をつけてあげます。

女の子でも十分に自信がついてリミッターが外れれば、柔軟で型破りな発想が生まれてくるようになります。

女の子は「スモールステップ」で自信をつけてあげる

■ 先入観を押しつけない

　男女別学のほうが共学よりも成績がよいだけでなく、科目選択や「やればできる」と自信がもてる自己効力感にも好影響があるという調査結果が世界各地で報告されています。

　理由としては**「男子は理系、女子は文系」といった先入観を押しつけられない**こと、異性の目を気にすることなく好きな学問や趣味に没頭できることなどが挙げられます。

　男女の脳は、発達の速さに差はあるものの、世間で通説としていわれているほどその差はまだ明らかにはなっていないようです。

　「男の子（女の子）だから……」というのではなく、**その子の個性を損なわないように成長を見守ること**が大切です。

METHOD
29

「子ども扱い」しない
―― 子どもに「敬意」をもつとは?

　ベストセラー『嫌われる勇気』(ダイヤモンド社) で知られる
アドラー心理学。オーストリア出身の精神科医で心理学者のア
ルフレッド・アドラーは軍医として戦争の悲惨さを体験し、**賞
罰や叱責、暴力という手段を使わない問題解決を考えられる人**
を育てたいと、独自の教育理論や療法を編み出しました。

　その基本は「人間はすべて平等であり、大人も子どもも対等
である」という考えにあります。アドラーは子どもを勇気づけ、
**「私には能力がある」「私は認められている」と感じられる心を
育てる**ことをめざしたのです。

■子どもを「対等」に扱う

　大人の指示に従わせてばかりいると、その子どもは**大人に頼
る癖がついてしまい、いつまでも自立できなくなってしまいま
す。**子ども扱いせず対等に向き合うことで、子どもは自分の頭
で考え、行動する力を身につけていくことができます。

「子ども扱い」しないためにはどうすればいい?

■課題を「分離」する

　親は子どもに対して「絶対○○がいい」「××すべきだ」と
いった言葉づかいをしてしまうことがありますが、これは親が

心配のあまり、子どもの課題に口出しをしている状態だとアドラーはいいます。

そして、親の課題と子どもの課題は「分離すべき」だとし、子どものためだと言いながら、本当は親自身が安心するためにやることを「自己欺瞞」と呼びました。

子どもの課題は、本来は子どもが自分の力で解決すべきこと。子どもを信頼してまかせてみて、自分で解決できれば、子どもは自分に能力があると感じられるようになります。

■子どもの考えに敬意をもつ

子どもには大人とは違う視点、大人にはない発想力があり、**実際に子どもから教わることは意外と多い**ものです。

「親は子どもより上」という固定観念では、子どもの柔軟な思考力を伸ばすことはできません。子どもの意見や考えだからといって、真剣に聞かずに受け流したりせず、**敬意をもって耳を傾けることが大切**です。

子どもにたくさん話をさせ、じっくりと聞いてあげると、子どもは「自分は認められている」と実感して、自分の考えに自信をもつことができます。

■言葉づかいに気をつける

子どもに対して言葉づかいを丁寧にすると、命令したり従わせようとする表現にならず、感情的になってこじれることが少なくなります。

■大人が自分の感情に気づく

子どもに対して怒りや不安、心配といったマイナスの感情があると、子どもを恐れさせたり、言うことを無理に聞かせようとしてしまいます。

マイナスの感情からは、「何回言ったらわかるの」「いいから○○しなさい」「××に決まってるじゃない」といった命令や、反論の余地のない強い言葉が生まれ、**「親が上で子どもが下」という一方的な関係性**が強く出てしまいます。

親は自分のマイナスの感情に気づいたなら、場所を変えるなどしてクールダウンし、**「自分は子どもの課題に干渉しているだけではないか」「もっと子どもの気持ちに歩み寄れないか」**と冷静に考えてみます。

自分のマイナスの感情に
気づいたときは、
場所を変えてクールダウンする

METHOD

30

「思考」を掘り下げる

——「デザイン思考」を体験する

　変化の激しいこれからの時代に生きていく子どもたちには、さまざまな場面で問いを掘り下げ、ときどきのニーズに合った新しいものを生み出していく、柔軟な思考力が求められます。

　そこで注目されているのが「**デザイン思考**」です。この方法は、もともとはデザイナーが使っていた手法を活用したものです。人々の日常を観察する中で自分なりの問いを立て、仮説を考え、仮説をすぐに簡単な試作品に落とし込み、**感想や意見を聞きながら改良を重ねていく**という、スピーディなものづくりの考え方です。

　デザイン思考が生み出した有名な事例が iPod です。人々がどのように音楽を聴いているかを観察した結果、「**すべての音楽をポケットに入れて持ち運ぶ**」というコンセプトが生まれ、何度も試作をくりかえして世界的なヒット商品となりました。

　このデザイン思考を子どもたちに体験させるキュリオ・スクールの代表、西山恵太氏は「子どもたちはデザイン思考を体験することによって『**答えがないのは当たり前**』『**答えは自分でつくるんだ**』というマインドになっていく」といいます。

　身近なもので好奇心をくすぐり、問いかけるだけで、子どもたちからはたくさんアイデアが出てくるそうです。さまざまなオープン・クエスチョンの問いかけと対話を通じて思考を掘り

下げていくことで、自分なりの答えをつくる力が育つのです。

「思考を掘り下げる」にはどうすればいい?

■身近なもので「お題」を見つける

思考を掘り下げるには〝お題〟が必要です。**子ども自身がお題を思いつかない場合は、大人が代わりに考えます。**

コンビニに並んでいるさまざまなペットボトルの形、街で見かける企業のロゴ……近所を散歩しているだけで、いろんなお題が見つかります。

西山氏によると「**なぜ、誰のために、それがつくられたんだろうね**」「**どういう意味があるんだろうね**」などと問いかけるだけで、子どもはどんどん思考を掘り下げていくことができるといいます。

あのマークって、どういう意味なんだろうね?

街で目に映るさまざまなものを「考える材料」に変える

■自分でアイデアを考えさせる

どうしても子どもは〝正解〟を知りたがります。ですがそこは、「パパ（ママ）もわからないんだよね。なんでだろうね？」と共感するにとどめます。「他にも方法はない？」などと聞いていくと、自分から調べたり、悩んだりしながら、自分なりのアイデアを考えるようになります。

■アイデアを形にする

デザイン思考で大事なプロセスは、まずは試しにつくってみることです。思考を掘り下げた結果、見えてきたことをアイデアの入り口にして、自分のロゴマークをつくってみるなど、**簡単なお絵かきや工作で、子ども自身のアイデアを形にする**と、考える力や想像力が養われます。

■言い換えて確認する

子どものアイデアや発言がピント外れだなと感じても、否定せずにそのまま受け入れます。**子どもは一度否定されると、その後安心して発言できなくなってしまう**からです。

否定する代わりに、「それってこういうことかな？」と、別の表現で言い換えてあげます。「見当違いに見えることでも、子どもにとっては表現力が足りないだけで、本質的なこととつながっている場合がよくある」と西山氏はいいます。

「それは間違っている」「こっちが正しい」と伝えるほうが簡単ですが、**言い換えて確認してあげる**ことで、考えを掘り下げさせるだけでなく、語彙や表現を豊かにすることもできます。

自己肯定感

をつけるには?

変化に強い「折れない心」をつくる

SELF-ESTEEM

「良質な睡眠」をとる
——日本の子どもは睡眠が足りない

　ジョージワシントン大学の臨床神経心理学者、ウィリアム・スティクスラッド教授によると、睡眠には「癒し」の効果があるといいます。寝ているあいだに、起きているときに経験したつらい感情が和らぎ、**ストレスに関連した神経化学物質が脳からなくなる**ためです。朝起きるとなんだか頭がスッキリしたと感じるのには、科学的な根拠があるのです。

　十分に睡眠がとれれば**脳はリフレッシュして、思考と行動をコントロールする**ことができます。

　一方で、「子どもがキレやすかったり、プレッシャーやストレス、不安に弱い場合、睡眠不足が引き金になっていることがある」と、小児科医でもある文教大学教育学部の成田奈緒子教授と臨床心理士の上岡勇二氏は指摘します。**質のよい睡眠は、体の成長や学力アップのためだけでなく、心の安定にもとても重要**だということです（85「『早寝早起き』をする」参照）。

「良質な睡眠」をとるにはどうすればいい？

■子どもの理想的な睡眠時間は？

　アメリカ国立睡眠財団によると、子どもの理想の平均睡眠時間は、**3〜5歳で10〜13時間、6〜13歳で9〜11時間**です。これに対して江戸川大学睡眠研究所所長の福田一彦教授は、日

本の子どもたちは世界的に見て睡眠時間が短く、**その主な要因は寝る時間が遅いから**だと述べています。

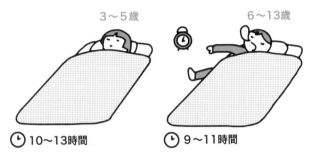

3～5歳　　　　　　　6～13歳

🕐 10～13時間　　　　🕐 9～11時間

「早寝」で十分な睡眠時間を確保する

■お風呂は寝る90分前がベスト

　スタンフォード大学の精神医学者、西野精治教授によると、**人は眠くなるとき、体の内部の温度である「深部体温」が下がる**特徴があるといいます。寝る90分前に入浴すると、寝るころにちょうど体温が下がり、眠りやすくなるそうです。

■寝る直前は食事を控える

　寝ているあいだも胃は消化活動を続けます。食事をしてから、胃腸の働きが一段落するまで約3時間かかるので、できるだけ**寝る3時間前までに食事をすませる**ようにします。

■朝は朝日を浴びる

　睡眠ホルモンの「メラトニン」は脳から分泌されるホルモン

で、このホルモンの働きによって人は眠くなり、自然に睡眠に入ることができます。**メラトニンは、朝の光で分泌が抑えられ、夜の暗い環境で分泌が高まります。**朝起きたらすぐにカーテンをあけ、朝日を浴びることで分泌を抑え、逆に夜は分泌を高めるために明るさを控えます。

■電子機器は寝る1時間前から見ない

寝る前にブルーライトに当たると、良質な睡眠をもたらしてくれるメラトニンが分泌されにくくなります。**夕食後は電子機器をオフ**にし、部屋を暗くして、目に入ってくる光の量を減らしていきます。

■休みの日に「寝だめ」しない

「平日に早寝早起きができていても、週末に朝寝坊すると、時差ボケのような状態になり、**脳が萎縮したり、反応時間や正答率の低下などの弊害が出てくる**というデータがある」と、福田教授は指摘します。

また、文部科学省が全国の中学生を対象に、「平日と休日の起床時間が2時間以上ずれる頻度(ひんど)」と「イライラの有無」との関係について調査した結果、よくずれる人ほどイライラし、ずれが小さい人はあまりイライラしないことがわかりました。

平日と休日の起床時間のずれは、精神状態の悪化を招きます。週末くらいは朝寝坊して寝だめしたいところですが、「平日と休日のずれはできれば1時間以内にとどめておくべき」と福田教授はいっています。

METHOD
32

「多様な視点」を手に入れる
——ひとつの正解だけをめざさない

日本の子どもは、年齢が上がるにつれて自尊感情が低下し、高校生になると非常に低くなります。

その原因のひとつは「受験で多く見られるような『閉じた問い（解答範囲が制限された問い）』とそれに基づく評価が挙げられるのではないか」と、小児科医でお茶の水女子大学名誉教授の榊原洋一氏は指摘します。「たったひとつの正しい解を追い求める行為をくりかえしていると、**子どもは自分のできないことにばかり目が向くようになる**」といいます。

シドニー大学の神経科学者、アラン・スナイダー教授の研究では、世界中のスポーツ選手、政治家などを調べた結果、どの分野においても**トップに立つ人は、多面的な方法で物事を見ようとしている**ことがわかりました。

子どもたちを「正解はひとつだ」というとらわれから解放し、柔軟に考える自由を示してあげる必要があります。

「多様な視点」を手に入れるにはどうすればいい?

■「安心して発言できる場所」をつくる

家庭を子どもにとって安心できる場所にします。安心とは、自分の意見を 躊 躇 なく言える状態のことです。

子どもが「**間違うのではないか**」「**ばかにされるのではない**

か」「否定されるのではないか」と感じることなく、自由に発言したり、気楽に質問や反論ができる雰囲気をつくります（36「『なんでも言える環境』をつくる」参照）。

■たくさんの「答え」がある体験をする

たとえば料理をすれば、「正解はひとつではない」という体験ができます。レシピを検索すると、同じ献立でもさまざまなつくり方があり、味の濃淡や風味のちがいがあることがわかります。

また、料理では想定外のハプニングが起きることもあるので、**そのつど柔軟に対応し、試行錯誤する経験にもなります**。

野菜や植物を育てたり、生き物を飼うことも、こうした経験につながるでしょう。読書や映画・芸術鑑賞、日常のニュースなども、**家族でとらえ方の違いを共有する**ことで、たくさんの視点があることを実感できます。

博物館　美術館　読書　映画　料理

親子でいろんな「答えのない体験」をして、とらえ方の違いを共有する

■ さまざまな人の生き方を知る

　親子でさまざまな人と出会う機会をもつと、人生の楽しみ方、仕事のやりがい、失敗の経験やその乗り越え方など、多様な人生観に触れられます。

　伝記を一緒に読むのもよい方法です。歴史に名を残すような人は、それまでの常識を疑い、たくさん失敗したり、周りから理解されず白い目で見られたりしながら、偉大な発明や発見をしています。

　こうした人々のたどった道を知ることで**考え方が柔軟になり、正解か不正解かで評価されない広い世界**が見えてきます。

■ 親も常識をアップデートする

　親も、自分が正しいと思っていることが本当に正しいかどうかについて、少し冷静になって考えてみるといいかもしれません。

　科学や歴史の世界で昔は常識だったことが、いまでは間違いだったとされていることもあります。ネットを通じてあらゆる情報が手に入るいま、子どものほうが新常識にくわしいということも珍しくありません。

　親自身、新聞や本を読んで勉強し、自分たちの思い込みやこだわりをアップデートすることが大切です。

METHOD

33

「自制心」をもたせる
—— 自分を抑える技術を知る

　子どもがかんしゃくを起こしたり、駄々をこねたり、感情や体をコントロールできないのは、脳のしくみに原因があります。

　カリフォルニア大学ロサンゼルス校の精神科医、ダニエル・J・シーゲル臨床教授は、共著書『自己肯定感を高める子育て』（大和書房）の中で、**子どもの発育中の脳を「建設中の２階建ての家」**にたとえています。

　１階は脳のかなり原始的な部分で、強い感情や本能、消化や呼吸などの基本機能を含む基礎的な活動を担っています。

　これに対して２階は、計画を立てたり、複雑な問題を考えたり、想像力を働かせるなど、**思考や感情のコントロールという高度な機能が働く部分**です。

　シーゲル教授によると、脳の１階は生まれた時点でかなり発達している一方で、２階は時間をかけて発達し、建設が終わるのは20代半ばだそうです。

　つまり、子どもの２階の脳はまだ完成にはほど遠いため、**感情と体のコントロールができないのは当然**のことなのです。

　発達期に２階の脳を育て、強くしてやることで、自分の感情を理解し、落ち着きのある人生を送れるスキルを育むことができます。

「自制心」をもたせるにはどうすればいい?

■ 手で脳をつくってみる

シーゲル教授は、握りこぶしを自分の脳に見立てて、子どもに「2階建ての脳」のしくみを理解させることを勧めています。

①	②	③
理性(4本指)が感情(親指)を抑えている状態	理性が吹っ飛んで感情を抑えられなくなっている状態	ふたたび理性が感情を抑えて、落ち着いた状態

握りこぶしで、脳のしくみを教えてあげる

※出典:ダニエル・J・シーゲル、ティナ・ペイン・ブライソン
『自己肯定感を高める子育て』(桐谷知未訳、大和書房)

①親指を内側にして手を握る

これを自分の脳に見立てます。握った手をちょっとゆるめてみると、親指が見えます。そのあたりが脳の1階です。イライラしてカッときたり、うれしくて興奮したり、悲しくて落ち込んだときのような**強い気持ちは、この1階部分から出てきます**。

2階の脳は残りの4本の指の部分で、そうした強い気持ちで

ザワザワした心を「大丈夫」「落ち着いて」と思わせてくれます。

②パッと4本の指を立ててみる

　①で握った手をゆるめて、パッと4本の指をまっすぐ立ててみます。**2階の脳が、もう1階のザワザワした心を助けられていない状態**です。

　嫌なこと、つらいことが起きて、怒鳴ったり、暴れたりしたくなる瞬間の脳はこんな感じです。

③もう一度、4本の指をゆっくり曲げて親指を握る

　2階の脳が1階の脳の強い気持ちを抑えて、ゆっくりした気持ちにしてくれることを実感します。落ち着いて理性を発揮すれば、感情を抑えられることを教えます。

■ 親が自制心をもって行動する

　脳には、まわりの人の行動を見たときに自分の脳内で同じ行動を再現する「ミラー・ニューロン」と呼ばれる神経細胞があります。これによって人は他人の行動を脳内でシミュレーションし、理解・共感できるといわれています。

　この効果を考えると、子どもがかんしゃくを起こしたり、強い不安で取り乱しているとき、親まで取り乱してしまうと、子どもの不安をさらに強化してしまうと考えられます。

　そうしたときも、**親ができるだけ落ち着いて、根気よく冷静な態度を見せ続ける**ことが、子どもの自制心を育むことにつながります。

METHOD
34

「レジリエンス」を鍛える
──強く生きていける「心の筋肉」

コミュニケーション力

思考力

自己肯定感

創造力

学力

体力

逆境や困難、未知のものに直面したときの粘り強さや適応力、へこんでも撥ね返せるような**心の復元力**を「レジリエンス」と**呼びます**。

レジリエンスは、子どもたちが自立して生きていけるようになるための重要な資質のひとつです。

国際ポジティブ心理学会理事のイローナ・ボニウェル博士は、**レジリエンスは生まれつきの資質ではなく、筋肉のように鍛えられる**といい、「レジリエンス・マッスル」というプログラムを編み出しました。

いざ逆境や困難に直面したときにレジリエンスを発揮できるよう**心の筋肉を日ごろから鍛えておく**というトレーニングで、「心の予防接種」とも呼ばれています。

「レジリエンス」を鍛えるにはどうすればいい？

■「自分を肯定する言葉」を考える（I amマッスル）

ボニウェル博士は、自分の強みを知ることでレジリエンスが生まれるといっています。

「私は〜です（I am〜）」という形で自分の長所、自信を感じるところを言葉にしてみます。「やさしい」「がんばりやさん」「おもしろい」など、子ども自身が考えたり、家族や友だちな

どまわりの人にも聞いてみます。

■「できること」を考える（I canマッスル）

　かけっこが一番じゃなくても、勉強が得意ではなくても、「妹や弟と遊べる」「お手伝いができる」「一人で学校へ行ける」など、子どもが「〜できる（I can 〜）」と言えることはたくさんあります。**そんな「できること」をひとつずつ、一緒に考えてあげます。**できることを「見える化」する作業が、子どもの自信につながります。

■「環境」に気づく（I haveマッスル）

「力持ちのお父さん」「おいしいごはんをつくるお母さん」「赤ちゃんのときから大切にしているぬいぐるみ」など、**「〜をもっている（I have 〜）」と言えることや、自分が大事にしている人やものを挙げていくことで、**自分のいる環境のいいところに目を向けます。

■「好きなこと」を思い出す（I likeマッスル）

　野球、サッカー、ダンス、歌……子どもが好きだと思えるものはたくさんあります。**「自分は〜が好き（I like 〜）」と言えることを子どもと一緒に挙げていきます。**

　好きなものを思い浮かべてポジティブな感情が積み重なると、ドーパミンという脳内ホルモンが分泌されます。ドーパミンは脳を覚醒させるので、逆境や困難に直面しても乗り越えようとする意欲をかき立てます。

I amマッスル
自分の長所は？

I canマッスル
何ができる？

I haveマッスル
何をもっている？

I likeマッスル
何が好き？

自分を知ることが「レジリエンス」の基になる

■「共感」と「信頼」を伝える

　東京学芸大学の臨床心理学者、深谷和子名誉教授は、子ども
が落ち込んだり、傷ついたりしているとき、親や家族はまずは
共感してあげることが大切だといいます。

「そうだよね、それはめげるよね」と現状を認めてあげること、
そしてその気持ちを理解して受け入れたうえで、**「あなたなら
大丈夫」**と絶対的な信頼感を示してあげることが、子どもに
とって励みとなり、どんな状況にあってもたくましく生きてい
ける力につながります。

　子どもは自分のつらい気持ちに共感してくれる人から励まさ
れると、「もうちょっとがんばってみよう」と思えるようにな
るのです。

METHOD
35

「感謝の心」を育てる
—— 心を豊かにする感謝のスキル

　カリフォルニア大学デービス校のポジティブ心理学者、ロバート・エモンズ教授は「感謝の心をもっていると、妬み、憤り、後悔や落ち込みといった、**私たちを幸福から遠ざける有害な感情を抱かなくなる**」といっています。

　感謝の心は毎日のちょっとした〝練習〟で、生涯にわたってポジティブで幸せに生きられる強みになります。

　筑波大学の社会心理学者、相川 充 教授らの研究では、**子どもに感謝のスキルを教えると、感謝の心が後から育ってくる**ことがわかっています。

　「(学校や家庭では) 目に見えない感謝の心を教えることが推奨されるが、**目に見える感謝のスキルを教えるほうがいい**」と相川教授は勧めています。

「感謝の心」を育てるにはどうすればいい?

■1週間に一度は感謝の時間を

　相川教授は、１週間に一度くらいでも感謝すべきできごとを思い浮かべると、幸福感がアップするといっています。

　とくに日本人は、感謝すべきことがあっても、むしろ「**すまないな**」「**申し訳ない**」といった気持ちが先に立ってしまう傾向があります。

だからこそ意識して、「あのことで自分はいま、こんなによくなった」とか「おかげで自分はいま、こんなに幸せなんだ」と、**よい状態になった結果に目を向ける**ようにするとよいそうです。

子どもとふりかえるときには、こんなフレーズが便利です。

・「○○が××してくれた」ことにありがとう
・「○○がおいしかった」ことにありがとう
・「大好きな○○がそばにいてくれた」ことにありがとう

■ 親が手本になる

子どもは身近な存在を手本にして、同じような動作や行動をします。

子どもが「ありがとう」を言えないとき、「ありがとうは？」と無理強いするのではなく、親が一緒に言ったり、**ふだんからまわりに「ありがとう」と伝えることを習慣にし、お手本になります。**

■ 感謝される経験をする

お手伝いなどを通じて「ありがとう」「助かったよ」と感謝されると、**子どもは自分が役に立てたことに喜びを感じます。**

東邦大学医学部の生理学者、有田秀穂名誉教授によると、感謝されることで感じる温かい気持ちは、オキシトシンの分泌によって生まれています。

先に「愛情ホルモン」として紹介したオキシトシンですが、このホルモンが分泌されると、**ポジティブな気持ちになる効果もあります。**

■感謝の気持ちを書いて伝える

　ポジティブ心理学では、感謝の手紙を書くことで、**手紙を受け取る側だけでなく、送る側の幸福感も高まる**ことがわかっています。言葉で「ありがとう」と言いにくいときには書くことでも感謝を伝えられることを教えます。

■感謝のビンをつくる

　空きビンを使って「感謝のビン」とラベルを貼り、誰かに感謝したいことが起こるたび、**折り紙などカラフルな紙にそれを書き込み、ビンに入れていきます。**大晦日や誕生日などの節目にビンを開け、中のメッセージを読んでふりかえります。

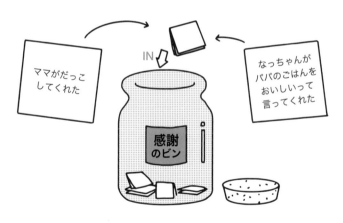

IN

ママがだっこ
してくれた

なっちゃんが
パパのごはんを
おいしいって
言ってくれた

感謝
のビン

家族みんなで、感謝したこと、
うれしかったことを書いてためていく

METHOD 36 「なんでも言える環境」をつくる
──勇気をもって甘やかす

　子どもにとって望ましい環境について、英語では「safe」という単語がよく使われます。日本語では「安全」と訳されますが、英語では必ずしも物理的な危険から遠ざけるということだけではなく、**「無条件にそこにいられる」**というニュアンスが含まれています。

　心理学者のアルフレッド・アドラーは、**子どものころから本音を言わず、周囲の空気を読んで同調することをくりかえしていると、自分を信頼できなくなってしまう**と指摘しています。

　自分を信頼できないと、まわりの人のことも信頼できなくなり、社会の誰かの役に立ちたいという思いも芽生えなくなってしまいます。

　子どもにとって、周囲と同じでなければならないというプレッシャーや、失敗や間違いを気にせず、**率直に自分の考えや感情をさらけだせる安全な場所**が必要です。

「なんでも言える環境」をつくるにはどうすればいい?

■寄り添う姿勢で

　子どもにダメ出しばかりしていると、子どもはつねに「こんなことを言ったらバカだと思われるのではないか」「こんなことをしたら怒られるのではないか」といった不安にとらわれて

しまうようになります。

　親は子どもに完璧を求めず、**ありのままを受け入れ、子ども
が本音を押し殺さないように寄り添い**ます。

■愛情を伝える

　子どもには「目の前にいてくれるだけでうれしい」「生まれ
てきてくれてありがとう」という気持ちを言葉やスキンシップ
で伝えます。

　50年間、子どもの精神医療に尽力した佐々木正美医師は、
晩年の著書の中で「**どうぞ子どもを甘やかすことを決して恐れ
ず厭わず、一生懸命にかわいがって育ててあげてください**」と
記しています（『子どもの心の育てかた』河出書房新社）。

　佐々木医師は「過保護」は悪いことではないといい、愛情を
たっぷりと受けることで、子どもは自他に対して「絶対的な信
頼感」を知り、「自律心」が育つのだといっています。

■先回りしない

　ただし佐々木医師は、**過保護と過干渉は違う**ことも指摘して
います。過干渉は、親が子どもを心配するあまりつい先回りを
し、一方的に「こうしたほうがいい」と思うことを言ったり、
手を貸したりしてしまうことです。

　**過干渉は自立の芽を摘みとり、自主性、主体性を損なうおそ
れがある**と佐々木医師はいいます。しつけという点では、やっ
てはいけないことへの最低限の干渉は必要です。しかし子ども
は、周囲から「ああしなさい、こうしなさい」と言われてばか

りいると、自分のやりたいことがわからなくなって自分を見失っていくと、佐々木医師は警鐘を鳴らしています。

■否定的な態度に気をつける

否定的な考え方や態度は子どもに伝染します。トロント大学の生命倫理学者、ケリー・ボウマン教授は**「感情は伝染する。中でもネガティブな感情こそ、最もうつりやすいだろう」**と述べています。

親が批判的・否定的な考えが強いと、子どもにも伝染し、子どもは自分自身のことを悪く言われているわけではなくても、自分に自信がもてなくなってしまいます。

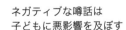
ネガティブな噂話は
子どもに悪影響を及ぼす

METHOD
37

家族の「一戦力」にする
―― まかせて、感謝する

内閣府は令和元年版『子供・若者白書』の中で、「日本の若者の自己肯定感の低さには、自分が役に立たないと感じる自己有用感の低さが関わっている」と分析しています。

かつての日本では、子どもも家族の重要な一戦力でした。祖父母や親を助けるために弟や妹の面倒を見たり、子どもたちが家事労働を積極的に引き受けないと手が足りないほどでした。

しかし、**いまの子どもたちには、「誰かの役に立つ」機会が減っています。**

両親ともに働く家庭が増えて、親は仕事と家庭の両立に多忙を極め、子どもたちもまた、習い事などでスケジュールが埋まった忙しい生活を送っています。

子どもの社会参画を支援するNPO法人コヂカラ・ニッポンの林田香織理事は、「親に余裕がなくなっている現代の日本では、**子どもの出番は意識しないとつくることができない**」といっています。

忙しい親にとっては、子どもに手伝わせるより自分でやったほうが早いことも多いものです。

ですが、**子どもにとってお手伝いは「誰かの役に立つ」ことのできる貴重な機会です。**お手伝いは、子どもの自己肯定感を育める大切な体験なのです。

どうやって家族の「一戦力」にする?

■子どもに頼れる家事はたくさんある

掃除・洗濯・料理のほかにも、家事はたくさんあります。むしろ**家事の約8割**は「名もなき家事」と呼ばれているものです。

大和ハウス工業がまとめた「名もなき家事」トップ10には、「玄関で脱ぎっぱなしの靴を揃える」「トイレットペーパーの補充・交換」「脱いだ服を洗濯カゴに入れる」「オモチャの片づけ」など、**子どもでも十分に力を発揮できる仕事**がたくさん並んでいます。

こうしたこまごまとした家事は、すべて親が抱えこむのではなく、子どもにも分担させます。

「名もなき家事」ランキング

- 👑第1位　裏返しに脱いだ衣類・丸まったままの靴下をひっくり返す作業
- 👑第2位　玄関で脱ぎっぱなしの靴の片づけ・下駄箱へ入れる／靴を揃える
- 👑第3位　トイレットペーパーの補充・交換
- 👑第4位　服の脱ぎっぱなしを片づける・クローゼットにかける／脱ぎ捨てた服を回収して洗濯カゴへ入れる
- 👑第5位　食事の献立を考えること
- 👑第6位　飲み終わったコップやペットボトル・空き缶を片づける／洗う
- 👑第7位　子どもが散らかしたオモチャなどの片づけ
- 👑第8位　シャンプー・洗剤・ハンドソープなどの補充・詰め替え
- 👑第9位　資源ゴミの分別・仕分け
- 👑第9位　お風呂や洗面台の排水溝にたまった髪の毛を取り除く／
  （タイ）　お風呂の排水溝の掃除・網替え

出典：大和ハウス工業ホームページ／ベネッセコーポレーション 口コミサンキュ！「名もなき家事」投稿募集サイト

■子どもにまかせる

　子どもにお手伝いをさせたときに、**親が手や口を出したり、誘導したりしてしまうと、子どもが達成感を味わえなくなります。**

　失敗したり、途中でくじけたりするのも成長のための経験です。つい口出ししたくなる気持ちを抑え、**思いきってすべてをまかせて子どもなりに試行錯誤する様子を見守ります。**

　子どもは自分で対処できると、自分の能力に不安がなくなり、自信をもてるようになります。

■社会のルールや危険なことを教える

　ゴミの分別・仕分けといった社会のルールや、刃物、火の扱いなどはきちんと教えておきます。

　とくに、子どもの安全に関わることは、間違った道具の使い方をしていないか、燃えそうなものが近くにないかなど、**目を離さないように注意して見守ります。**

■感謝を伝える

　「よくできたね」とほめるのではなく、**「ありがとう」「助かった！」と言うと、自分は人の役に立っているんだという自己有用感が高まります。**

　また、子どもの手伝う様子をよく観察して、「○○が好きなんだね」「××が得意だね」などと声をかけてあげます。

　こうして親が認めてくれることでも、子どもの自己肯定感は高まります。

METHOD
38

「習い事」をする①
—— 習い事を選ぶ

習い事は、子どもが好きなことを見つけ、自信をつけるきっかけになります。

ところで、**いまの小学生はいったいどんな習い事をしている**のでしょう。

2019年8月に学研教育総合研究所が小学1～6年生の親子1200組を対象に行なった調査によると、いま小学生がしている習い事は、**1位が「水泳」、2位が「受験のための塾・学校の補習のための塾」**でした。

3位は「通信教育」、4位「音楽教室」、5位「英語塾（読み書き中心）・英会話教室」と続いています。

同研究所が2018年9月に調査した、保護者が子どもに習わせたい習い事は、1位「英語塾・英会話教室」、2位「水泳」、3位「そろばん」で、**小学1年生の保護者では男女ともに「そろばん」が1位**と人気です。

2017年の調査では8位だった「プログラミング」は6位に上昇しており、**2020年度からのプログラミングの必修化で注目が集まっている**ようです。

ベネッセ教育総合研究所の「学校外教育活動に関する調査2017」でも、「運動やスポーツをするよりももっと勉強をしてほしい」かを問う質問に対して、4割に近い保護者が「とても

そう思う」「まあそう思う」と答えており、2009年の調査に比べて13%も増加しています。

　その傾向はとくに低年齢で顕著で、未就学児の保護者では14.4%から27.4%と、2倍近くになっています。

「小学生の習い事」ランキング

👑第1位　水泳　28.4%

👑第2位　受験のための塾・学校の補習のための塾　16.7%

👑第3位　通信教育　14.2%

👑第4位　音楽教室（歌や楽器など）　14.0%

👑第5位　英語塾（読み書き中心）・英会話教室　13.6%

👑第6位　そろばん　7.5%

👑第7位　書道　7.5%

👑第8位　サッカー・フットサル　6.9%

👑第9位　武道（柔道、空手、剣道など）　5.6%

👑第10位　体操教室　5.5%

出典：学研教育総合研究所「小学生白書Web版」（2019年8月度調査）

　こうした調査結果からは、**保護者の「勉強重視」の傾向が強まっている**ことがわかります。

　2020年度以降、大学入試はこれまでのような学力試験いっぺんとうではなく、**思考力・判断力・表現力や主体性といった多面的な評価への変革を掲げています**が、変革の中身がいまだ見えにくく、不安に思う保護者が増えているのかもしれません。

習い事を「賢く選ぶ」にはどうすればいい?

■子どもの「やりたい!」を最優先に

教育学者の白梅学園大学・汐見稔幸名誉学長は、子どもの習い事で親子の意見が衝突したときには、**必ず子どもの「好き」を優先してあげてほしい**といいます。「これが好き」「上手になりたい」という強い意志が大切で、とくに小さい子は、やっていて「面白い」と思えることがないと続きません。

■子どもにぴったりの指導者・指導法を探す

汐見学長は「親の目から見て『子どもをやる気にさせるのが上手』『自分が子どもだったら教えてもらいたい』と思える先生がいたら、そこに入れてみること」を勧めています。習い事の種類で決めるよりも、「**この指導者やこの教え方なら、子どもが好きになりそう**」という視点で選ぶほうがいいといいます。

まずは見学して、指導者や教え方が魅力的かチェックする

■最初に「目標」を決める

　教育ジャーナリストのおおたとしまさ氏は、習い事を始める際は、最初に目標を決めておくことを勧めています。たとえば水泳なら、**「25メートル、クロールで泳ぎ切れるようになること」**など。〝級〟が付く習い事ならどの級までがんばるか、目標を立てます。

　あるいは、「途中でしんどくなっても半年間は続ける」「○年生の発表会までがんばる」などと、期間を目標にすることもできます。

　目標を達成できたら、**さらに続けるかやめるかを、改めて子ども自身に決めさせます。**

　受験と重なるなど、一時的に続けるのが難しくなる時期もありますが、子どもがやめたいと言わないかぎりは、細く長くでも続けたほうがいいと汐見学長はいいます。人生100年の時代には、**その習い事が長い人生を豊かにする生涯の趣味になるかもしれません。**

■最後は「ポジティブ」に終える

　もし、子どもが自分からやめたいと言ってきたなら、そのときも最初に決めた目標がきりのよい「やめどき」になります。

　おおた氏は、**「習い事はやめどきが肝心」**だとし、「区切りまで到達してやめると『よくここまでがんばったね』『よく目標を達成したね』と、ポジティブなかたちで幕を閉じることができる」といっています。

METHOD
39

「習い事」をする②
—— スケジュールをゆったり組む

　最近では共働き世帯が増え、放課後の居場所代わりに習い事や塾に通わせるケースも見られます。親にとっては安心できる預け先が確保できるうえに、子どもの能力も伸ばしてもらえて「一石二鳥」の気分ですが、子どもにとってはぼーっとしたり、**自由気ままに遊べる時間が減る**ので、**心身ともにそれなりの負担がかかってしまう**ことになります。

　遊びの研究の第一人者である精神科医、スチュアート・ブラウン博士は、大人が用意した習い事ではなく、子どもが「ただ遊ぶ」ことの重要性を指摘しています。自由な遊びは、感情を整え、思い通りに行かないときにも苛立ったりせず、まわりの人の話に耳を傾け、前向きな気持ちになれるといったスキルを身につけられ、自己肯定感の土台になります。

　子どもが習い事をする際には、**自由に遊べる時間を確保し、適正なスケジュールを考える**ことが必要です。

習い事の「スケジュール」、どう組めばいい?

■過密スケジュールを防ぐ

　カリフォルニア大学ロサンゼルス校の精神科医、ダニエル・J・シーゲル教授らは、子どもが習い事による過密スケジュールに陥るのを防ぐため、次のようなポイントを意識することを

提唱しています（『自己肯定感を高める子育て』）。

・子どもが自由に使える時間がある

　子どもが、きょうだいや友だちと気ままに楽しく過ごせる時間、ぼーっとしたり何かに没頭できる時間が十分にあるかどうかを意識します。

・十分な睡眠がとれている

　習い事が多過ぎて睡眠時間が削られていないか注意します。

・子どもにストレスがたまっていない

　子どもが疲れやすかったり、不機嫌だったりしていないか、不安や緊張などを感じているそぶりを見せていないか、注意深く見るようにします。

・家族で夕食を食べられる

　毎日は難しいかもしれませんが、家族が一緒に食卓を囲む時間がまったくないほど忙しいのは心が落ち着きません。

・スケジュールに親がイライラしない

　子どもの過密スケジュールで親自身も忙しくなってしまい、ストレスがたまってくると、子どもとの対話でもイライラしやすくなります。**親子で過密スケジュールにふりまわされて体が疲れていないか**、精神的にもつらくなっていないか意識するようにします。

・**頻繁に急かさない**

「早く」「急いで」という言葉を頻繁に口にしていないか、改めてふりかえってみます。そうした言葉が出るのは、スケジュールが過密なせいだけでなく、子どもの体が疲れてしまっていて、動きが鈍くなっている可能性もあります。

ただ「ぼーっとする」時間も大切

■**早くから始めなくてもいい**

　以上に加えて、スケジュールを考えるうえで知っておきたいのは、**習い事は必ずしも早く始める必要はない**ということです。

　山梨大学大学院の教育学者、中村和彦教授がオリンピックのさまざまな競技のメダリスト40人を調査した結果、そのスポーツしか体験したことがないという人は2人しかいなかったといい、**その9割は、小学校時代1日2時間以上遊んでいました。**

　音楽や英語についても、日常的に親が楽しんで聴いたり学んだりしている環境があれば、子どもには良質な音が自然と耳に入り、センスが身につくことにつながるようです。

METHOD
40

「習い事」をする③
―― お金のやりくりをする

　ベネッセ教育総合研究所が2017年3月に3～18歳（高校3年生）までの子をもつ母親1万6170人を対象に、塾などの学校外での「教育活動」について調査したところ、月にかかるお金の平均が3歳では3200円、**ピークとなる中学3年生では2万5900円にものぼる**ことがわかりました。

「教育費にお金がかかり過ぎると思うか」との質問に対しては、「とてもそう思う」「まあまあそう思う」と答えた人が全体で67.2％となり、多くの保護者が教育費に対して負担が重いと感じています。

　一方で家計再生コンサルタントの横山光昭氏は、「子どもの教育費を抑えるために、まず見直しを図りたいのは習い事の費用」といい、「『子どものため』という大義名分で、**子どもに聞いてみると『やりたいわけではない』『なんとなくすすめられて』というケースも多い**」と指摘します。

　ファイナンシャルプランナーなど金融の専門家によると、**習い事の費用は年収の5％程度が理想**とのこと。

　とりわけ英語やプログラミングなど、親世代が未経験、あるいは苦手と感じる分野には不安がつきものですが、教育資金は成長とともに負担が増加するので、資金繰りは長期的に考える必要があります。

習い事の「お金」、どうすればいい?

■大学進学の資金を最優先に考える

　子どもにかかる学費のピークは大学進学時です。私立か国立かによって幅がありますが、入学金を含めて、入学1年目だけでも90万〜140万円程度の費用がかかります。

　横山氏は、大まかな目安として「**大学入学までに300万円を目標に貯めるとよい**」といっています。横山氏によると、0〜15歳に支給される児童手当をすべて貯金しておくだけで約200万円になるそうです。

　子ども名義の通帳をつくり、児童手当と教育資金をそこにコツコツと積み立てていくこと。そのお金は、絶対にほかのことに使わないことがポイントだといいます。

■新しく1つ始めたら1つやめる

　習い事が1つ増えると、費用が増すだけでなく、自由な時間も減ります。幼児教育に詳しい東京大学大学院総合文化研究科の 開 一夫教授は、「習い事を増やすほどに、**友人と遊ぶ時間や親と食卓を囲みながらゆっくりと話す時間が減っていくことも**認識したうえで、その習い事が本当に必要か判断してほしい」といっています。

■オンライン学習も選択肢に

　オンライン英会話やプログラミング講座など、子ども向けのオンライン学習サービスが増えています。子どもの理解度に合

わせて個別に最適化された「Qubena（キュビナ）」や「すらら」のようなオンライン教材を使えば、お金や移動時間が節約できるほか、**子どもにとって最も効率的な学習が実現でき、時間の余裕も生み出してくれます。**

オンライン講座にはどんなものがある？

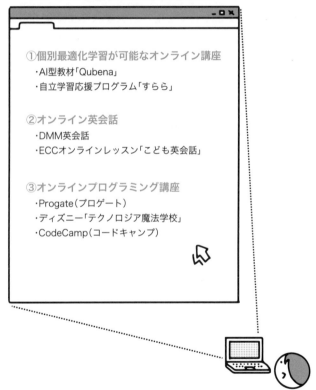

①個別最適化学習が可能なオンライン講座
　・AI型教材「Qubena」
　・自立学習応援プログラム「すらら」

②オンライン英会話
　・DMM英会話
　・ECCオンラインレッスン「こども英会話」

③オンラインプログラミング講座
　・Progate（プロゲート）
　・ディズニー「テクノロジア魔法学校」
　・CodeCamp（コードキャンプ）

英語やプログラミングなど、オンライン講座を利用すれば、
費用や通う時間を節約して、効率よく学習できる

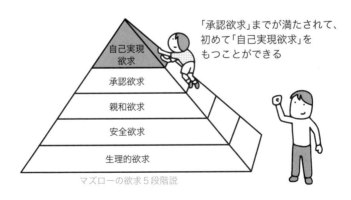

METHOD
41

受け入れる
―― 無条件で認めてあげる

コミュニケーション力 / 思考力 / 自己肯定感 / 創造力 / 学力 / 体力

アメリカの心理学者、アブラハム・マズロー博士は「**人間は自己実現に向けて絶えず成長する**」と仮定し、人間の欲求を5段階の階層に分けて説明しました。

最初に空腹、睡眠など「生命の維持」を求める生理的欲求があり、それが満たされると次は「安全なところに住みたい」と求める安全欲求、さらに「家族、友人と親しくありたい」と求める親和欲求、そして「他者から価値ある存在と認められたい」と求める承認欲求へと、欲求の内容が進化していきます。

「自己実現」の欲求は階層の頂点にあり、**人が自分の能力を発揮するには、下位の層にあるさまざまな欲求を満たす必要がある**というのがマズローの考えです。

「承認欲求」までが満たされて、初めて「自己実現欲求」をもつことができる

自己実現欲求
承認欲求
親和欲求
安全欲求
生理的欲求

マズローの欲求5段階説

■存在を心から認める

　子どもの "強み" を引き出す教育で、さまざまな学校の校長として活躍してきた教育者、ジェニファー・フォックスは、「子どもに健全な未来を望むのであれば、**すべての子どもが持って生まれた価値を心から信じる**ことから始めなければならない」と述べています（『子供の強みを見つけよう』日本経済新聞出版社）。

　つまり、**子どもが将来、自己実現するには、子どもの承認欲求を満たすこと。**

　そのためには子どものありのままを受け入れることが欠かせないということです。

「存在そのもの」を受け入れるにはどうすればいい?

■条件をつけない

　親としては子どものことを十分に認めているつもりでも、じつは子どもが「がんばったから」「よい成績だったから」と、条件付きでほめていることが意外と多いものです。

　成績が抜群によく、まじめな努力家でも、疎外感や失敗への恐怖を感じている子どもは少なくありません。

「どんなことがあってもあなたは私の宝物」「どんなあなたでも大好き」と伝えることで初めて、子どもの承認欲求は満たされます。

■アドバイスを押しつけない

　親はよかれと思って、自分の体験やアドバイスを子どもに伝えようとします。

　ところが子どもは、必ずしもいつもアドバイスを求めている
わけではなく、ただ話を聞き、受け入れてほしいと思っている
だけということも少なくありません。

　**子どもには、大人が理解し、信じてくれているという思いが
必要です。** そのために、「子どもの思いを聞く」という姿勢で
接すると、子どもはむしろ自分からアドバイスを求めるように
なります。

■要求ではなく「気持ち」を受け入れる

　白百合女子大学の発達心理学者、秦野悦子教授は、「**子ども
の気持ちを受け止める**」ことと「**子どもの要求を受け入れる**」
ことは別だといいます。

　子どもが駄々をこねたり、自分の要求を曲げないときは、ま
ず子どもの気持ちを受け止め、認めます。

　そうして子どもに「自分は認められた」と安心させてから、
要求を受け入れられない理由を説明したり、改めて何をしたい
のかを聞き出すとよいそうです。

　また、秦野教授は「その場から離れて気持ちを切り替えさせ
たり、**ぎゅっと抱きしめて安心させたりする**ことも効果的」だ
といっています。

決めつけない
――「値踏み」で可能性をせばめない

「人間の資質は変えようがない」という前提で考えていると、親は子どもの才能を〝値踏み〟しがちです。子どもの能力を、遺伝や才能から、この程度だろうと決めつけてしまうのです。すると**子どもも「どうせ自分はこんなもの」と決めつけ、意欲をなくしてしまいます。**

しかし、モチベーション研究の第一人者であるスタンフォード大学のキャロル・S・ドゥエック教授は、**子どもたちに次のことを教えると、学習意欲や向上心に変化が見られる**といいます。「知能というと、人間には頭の良い人、普通の人、悪い人がいて、一生そのままだと思っている人が大勢いますが、最近の研究でそうではないことがわかってきました。脳は、筋肉と同じく、使えば使うほど性能がアップするのです。**新しいことを学ぶと脳が成長して、頭が良くなっていくことが科学的に証明されています**」(『マインドセット「やればできる!」の研究』草思社)

■**考え方しだいで、能力が伸びる**

ドゥエック教授によると、この話をしたところ、まるでやる気のなかった少年が「ぼくはバカだと決まったわけじゃないんだね」と言って涙を浮かべたこともあったそうです。

子どもに「**自分の脳は自分でつくっていくものだ**」という気

持ちを植えつけることで、実際にやる気が出るだけでなく、成績もアップしたのです。

「子どもの能力は頭の良し悪しではなく、練習や学習によって必ず伸びる」と信じることが重要だと、ドゥエック教授は強調しています。

資質を決めつけないためにどう接すればいい?

■「新しいことを学ぶと脳が成長する」と意識する

新しいことを学習したり経験したりすると、神経回路網に新たな結合が生まれ、脳は「成長」します。

「頭を使って勉強するほど脳細胞が成長し、以前は難しいと感じていたことが簡単に思えてくる」という脳のしくみを知り、**「頭の良し悪しではなく、学習や練習が重要なのだ」**と親子で共有します。

■批判やほめ言葉に注意する

親は子どもを「天才!」とほめそやしたり、「才能がない」などと、持って生まれた能力にレッテルを貼ったりすることがありますが、そうではなく、**どんな方法でどれだけ努力し、どんな選択をしたかという「プロセス」をほめる**ほうが子どもの能力アップにつながるとドゥエック教授はいっています。

■基準を低くしない

「勉強に関心がなさそうだから」「頭がよくないから」と値踏みし、目標とする基準を低くしてもうまくはいきません。

コミュニケーション力

思考力

自己肯定感

創造力

学力

体力

ドゥエック教授の研究では、**やる気のない様子の子どもたち
にも十分なのびしろがある**ことがわかっています。

　だからこそ、やみくもに基準を低くするのではなく、何がわ
かっていないのか、やり方のどこがまずいのかに注目し、**どう
すれば直せるかを一緒に考える**ことで、その子のもつ可能性を
十分に発揮させることができるといっています。

■「がんばりすぎ」にも注意する

　優等生タイプの子どもでも、がんばっていることそのものが
楽しいわけではなく、**「完璧を望む親の期待に応えられなく
なったらどうしよう」**という不安で追い詰められているケース
もあります。

「この子は大丈夫」と決めつけず、親は自分が無意識に子ども
に完璧を求めてしまっていないか気をつけ、**子どもが本当はど
んなことを望んでいるのか、子どもの声にじっくりと耳を傾け
る**ようにします。

声かけの例

「どうしたの？　何か、ママ（パパ）にできることある？」

「心配する気持ち、よくわかるよ。パパ（ママ）もそうだよ」

「たくさん気づいているんだね。すごいなぁ！　そのなかから、
どうしたらいいと思う？」

METHOD
43

押しつけない
―― 「いい距離感」で接する

　どんな親にも、わが子に対して「こんな子どもでいてほしい」という理想があるでしょう。そしてその理想から少しでも外れると、心配に思うあまり、つい余計な言葉をかけたり行動をしたりしてしまうものです。

　親としては励ましたり助けたりしているつもりですが、これは**子どもの立場からすれば「押しつけられている」**状態にほかなりません。

　たとえば、子どもの感情を考えずに「**それでいいと思ってるの?**」「**そんなことで泣いちゃダメ!**」といった言い方で正論を押しつけられると、子どもは突き放されているような気持ちになります。

　反対に、子どもと一体化しすぎると、「○○ちゃんはうまくできないだろうから、パパ（ママ）が代わりにやってあげるよ」などと言って、子どもの不快や苦しみ、起こりそうな困難を先回りして防ごうとしてしまいます。

　これでは、子どもから「経験」を奪い、**子どもが自分の能力に気づくことをさまたげる**ことになります。

　親自身が自分の言動が子どもに及ぼしている影響に気づいていないことも多く、親の思いを押しつけられた子どもはキレるか、自分の本当の気持ちを隠すか、どちらかしか選べなくなり

ます。

　親子の適切な距離感というのはなかなか難しいものですが、**「子どもを突き放しすぎず、一体化しすぎない」**という意識をもっておくようにします。

「親の思いを押しつけない」ために何を意識すればいい？

■本当の問題はどこにあるのかを知る

　たとえば子どもが何かを嫌がっているとき、**なぜそんなに嫌なのか、話をじっくり聞いてみます**。

　やる気がないように見えていても、本当は失敗を恐れているのなら、失敗は成長の機会だと教えてあげることで背中を押し、恥ずかしくてできないのなら、恥ずかしさを取り除くにはどうすればいいか、**解決の方法を一緒に考えてみます**。子どもの気持ちに「共感」するのです。

■「まだ」のひと言を加える

　スタンフォード大学のキャロル・S・ドゥエック教授は、「Not Yet 思考」（まだ思考）による発想の転換を勧めています。

　子どもが「できない」「イヤだ」と言うとき、「まだ〜」という言葉をつけ加えるだけで、**「まだできない（やりたくない）だけ」「（もう少し練習すれば）できるかもしれない」**というモチベーションに変えることができるといいます。

　いまできなかったり、やる気がしなくても、それは「目標や成功に到達するまでの道のりの一部だ」と思える力を育みます。

■ 他の子と比べない

親の不安や心配は、他の子どもと比較してしまうことからも湧いてくるものです。また、**子どもが昨日は前向きだったのに、今日は後ろ向きな反応をするということもよくあります**。子どもはそのくらい複雑で、一人ひとり違うのだということ、そして子どもによって成長の仕方や速さもさまざまだということを心に留めておきます。

■ 自分と比べない

自分が成功したから子どもにも同じレールを敷くのが安全だと考えたり、自分が叶えられなかった夢を子どもに託したりするのは、子どもの幸せを願う親心からです。

ですが、**子どもの将来の幸せは、子ども自身が人生を通じて見つけていくもの**です。世の中が劇的に変化しているいま、大人の尺度や判断がこれからの世界でも通用するという保証はどこにもないことを、親は肝に銘じておく必要があります。

親の思いを押しつけない

METHOD 44

「家族旅行」をする
―― 成長に大切な非日常体験

　旅行は、日常では出会えない人と出会い、自然、歴史、芸術、文化など「本物」に触れ、五感を使って「非日常」を体験することで、子どもの視野が大きく広がる機会です。

　東洋大学国際観光学部の森下晶美教授によると、子どものころに家族旅行の経験が多い人は、成人後も、**コミュニケーション力や社会性、思いやりなどの点で自己肯定感が高い**という傾向が明らかになっています。

　観光庁の調査でも、子ども時代の旅行回数が多いほど、その旅行経験が**「いまの自分に役立っている」と感じている人が多い**と報告されています。

いい「家族旅行」をするにはどうすればいい?

■テーマを決める

　旅を通じて育つ「旅育」という考えを提唱し、子どもの成長に旅行をどう役立てるかを紹介している旅行ジャーナリストの村田和子氏は、**家族旅行に「テーマ」を設定することを勧めて**います。その際、子どもの年齢や成長に合わせた内容を選ぶこと、興味がなさそうなら無理をせず機会を改めることがポイントだといいます。

　日常で子どもが興味をもっていることを手がかりにしたり、

親子で一緒に初めての経験にチャレンジするなど、**子どもが自分から進んで関われるテーマを考えます。**

「寝台列車に乗る」「化石の発掘体験をする」「牧場で乳搾りをする」「カヤックに挑戦する」「高山植物を見る」など、さまざまなテーマが考えられます。

親子で初めての
チャレンジをする　　→ 海釣り？
　　　　　　　　　　→ カヤック？

初めて
海外に行く　　　　　→ グアム？
　　　　　　　　　　→ 台北？

船に乗って
島に行く　　　　　　→ 太平洋？
　　　　　　　　　　→ 日本海？

テーマを決めて旅先を検討する

■作戦会議をする

オランダ・エラスムス大学の調査によると、**旅行へ行く際に最も幸福度が高まるのは旅行の計画を立てているとき**だそうです。子どもを連れていくだけの旅行ではなく、家族それぞれが行きたい場所、やりたいことを持ち寄り、話し合うことを村田氏は勧めています。

子どもがまだ低学年で、自分で案を出せないときは、親が予算や日程を踏まえた案を複数用意し、子どもたちに選ばせます。その際には**選んだ理由を子どもからしっかり引き出す**ことも大

切だと村田氏はいっています。

■一緒に準備をする

　旅先で何が必要か、何をしようかと親子で話しながら準備をすると、想像力が養われます。村田氏の家庭では、電車の乗り換えを調べて案内をする「案内係」、お土産の予算管理をする「会計係」などの役割を決めていたそうです。**子どもに役割をまかせると、自然に主体性が身についていきます。**

■移動時間にコミュニケーションを深める

　旅行には移動がつきものですが、子どもは三半規管が弱いため、近いところばかり見ていると酔いやすくなります。

　家族旅行にはゲーム機は持参せず、**外の景色を楽しんだり、おしゃべりをするなど、コミュニケーションを深める時間に充てると、**家族旅行の充実感が一層アップします。

■思い出を記録に残す

　思い出を記録に残すと、旅行をふりかえりやすくなります。村田氏は、**旅の記録として、家族でひと言ずつしたためたハガキを旅先から自宅に送っていた**そうです。数年して見返すと、ひらがなから漢字まじりへ変わる子どもの文字に成長を感じるといいます。

　子ども自身にとっても、記録があればそれを見返すことをきっかけに旅行の記憶をよみがえらせることができ、楽しい思い出が心の成長を後押ししてくれます。

METHOD 45	「小さな喜び」を味わう ——つらさに打ち勝つ「お楽しみの貯金」

　日々の生活の中で小さな喜びを味わうことは、ポジティブな感情を引き出してくれます。ハーバード大学元講師のポジティブ心理学者、ショーン・エイカー博士によると、ポジティブな感情が湧き起こると視野が広がり、**ストレスや不安に対する強力な毒消し効果が得られる**そうです。

　メルボルン大学のポジティブ心理学者、リー・ウォーターズ教授は、こうした小さな喜びを「**お楽しみの貯金**」として蓄えておけば、つらいときにもその思い出をひっぱり出して気持ちを立て直せるといっています。

「小さな喜び」を味わうにはどうすればいい?

■五感を働かせる

　視覚、聴覚、嗅覚、味覚、触覚を意識すると、身近にある喜びを見つけやすくなります。「レーズン・エクササイズ」は、**五感を研ぎ澄まし、気持ちを落ち着かせるのに効果がある**といわれ、アメリカの多くの学校で取り入れられています。

　ゆったりと座り、レーズンをつまみ、初めて見るものだと思ってよく観察します。形、色、弾力や匂いを確かめます。じっくり観察した後は口に含み、**最初は噛まずに舌の上で転がして、風味や舌ざわりを感じてみます**。それからゆっくり噛んで味

わってから飲み込みます。のどを通っていく感覚も意識しながら、お腹の中に運ばれていく様子、それが血液になって体の隅々にまで届く様子、骨や筋肉に変わっていく様子を想像します。レーズンの代わりに、**チョコレートや梅干しなどでもOK**です。

■「目隠し」をして食べる

人間の感覚は、その8割を視覚に頼っているといわれます。その視覚を遮断すると、他の感覚が敏感に働き、**ふだんは気づかないような喜びに出合う**ことができます。スイスで始まった「ブラインドレストラン」のコンセプトは世界に広まり、日本でも取り入れているお店がありますが、これは**アイマスクをして食事をすることで、食材の新たな魅力に気づく**試みです。

何を食べるのかが見えないだけに、他の人が食べている音にも注意が向くので、聴覚も使います。子どもと一緒なら食材の当てっこや食べ比べをするなど、ゲーム感覚で楽しめます。

目隠しして食材の当てっこをするのも楽しい

■「スクラップブック」をつくる

アメリカのロヨラ大学の社会心理学者、フレッド・ブライアント教授によると、**過去のいい思い出は現在の幸福感を高めてくれる**そうです。

過去を思い出すひとつの方法として、ブライアント教授は、「スクラップブックづくり」を勧めています。**昔の写真を1枚ずつ見ていきながら、楽しい思い出を彩るページを子どもと一緒につくる**ことで幸せな気持になれ、楽しい会話が弾むといいます。

■人に与える

カナダのブリティッシュコロンビア大学の研究では、人間は生まれつき、他の誰かに何かを「与える」ことで幸福を感じるのだそうです。**2歳未満の幼児でも「自分が人に何かをしてあげたときに、してもらったときよりも強い喜びを示す」**ことがわかっています。

家のお手伝い、弟妹やペットの世話、おこづかいからの募金など、自分が誰かの役に立つという経験は、子どもにとって喜びになるのです。

METHOD

46

「強み」に注目する
——注目すれば伸びていく

「幸福」の研究で有名なペンシルベニア大学のマーティン・セリグマン教授は、「幸福な人生を送る人は自分の強みを知っていて、それを使っている」といいます。

ポジティブ心理学者のリー・ウォーターズ教授の調査では、「強みに注目するタイプの親」をもつ10代の子どもには、次のような心理的な特徴が見られました（『ストレングス・スイッチ』光文社）。

・人生に対する満足度が高い
・喜びや希望といった、ポジティブな感情が大きい
・自分の強みをよく理解している
・強みを生かして、宿題を締め切りに間に合わせる
・強みを生かして、友だちとの問題を解決する
・積極的な方法でストレスを解消する
・日常的なストレスをあまり感じない

親が子どもの強みに注目すると、子どもの自己肯定感が高まることがわかります。

「強み」に注目するにはどうすればいい?

■ネガティブな思考に気づく

　私たちには、**自分の弱点に関して、うまく見過ごす**という無意識の心理メカニズムが働いています。また厄介なのは、受け入れたくない自分の弱点を、無意識のうちに相手に押しつけてしまうことです。

　これは心理学では「投影」と呼ばれるもので、**わが子のためと言いながら、じつは自分の願望を子どもに託してしまう**のです。

　さらに、脳は本来、正しいものよりも間違ったものにすばやく、頻繁に気づくように設計されています。親は無意識に、**子どもの強みより弱みや欠点に目が向いてしまいがちであること**を自覚しておきます。

■「強みモード」に切り替える

　ネガティブ思考から抜け出せず、子どもの弱みや欠点しか目に入らないときには、「**脳内を意識的に『強みモード』に切り替える必要がある**」とウォーターズ教授はいいます。

「強みモード」に切り替えるためには、①数回、深呼吸し、②「強みはあるが、ただ隠れているだけ。強みを見つけるスイッチを入れよう」と自分に言い聞かせます。

　脳は意識を向けるところにエネルギーが流れるため、意識的に強みに目を向けるようにしていれば、自然と子どもの強みに関心が向くようになります。

■観察する

　ウォーターズ教授によると、強みには次の3つの要素があります。

・得意：同じ年齢の子どもより、うまくできるか。すぐに上達したか。
・熱意：イキイキとして熱中しているか。
・頻度：空いた時間に何をしていることが多いか。

　上手にこなせると子どもはうれしくなり、ますます熱中してもっと積極的にやろうとします。こうして**強みの3要素は好循環を生み、強みをさらに伸ばしていきます**。

　3つを満たさず、たとえば「得意」というだけで子どもにその活動を押しつけても「**それは強みに見えるだけで、本当の強みではない**」とウォーターズ教授は指摘します。

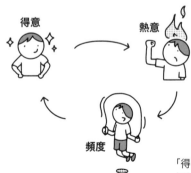

得意　熱意　頻度

「得意」「熱意」「頻度」の
好循環が強みを強化する

■見方を変える

　弱みや欠点に見えることも、**とらえ方を変えれば自分の強み**だと思えるようになります。コップに水が半分入っているのを「半分しか入っていない」と見るか、「半分も入っている」と見るか。「ものは言いよう」なのです。これを心理学では「リフレーミング」と呼び、実際に心理療法で使われています。

リフレーミングの例

・あきっぽい→**環境にすぐなじめる／好奇心旺盛**
・いいかげん／のんびり→**おおらか**
・落ち着きがない→**子どもらしい／元気**
・臆病／優柔不断→**慎重／用心深い**
・反抗的→**自立心がある／自分の意見がある**
・勉強嫌い→**勉強以外に好きなことがある**
・忘れっぽい→**こだわらない／新しいことにチャレンジする**

■強みをピックアップして伝える

　子どもの強みをひとつ選んで、**その強みを1週間見守り、気**づいたことを子どもに伝えます。
「がんばって宿題をしていたね。粘り強くてまじめなところに感心したよ」「妹の着替えを手伝ってくれてうれしかったわ。思いやりがあるのね」といった言葉をかけます。
　あるいは子ども自身に自分の強みをひとつ選ばせ、**その強み**がとてもよく表れていると思う体験談を教えてもらうのも、子どもが自分の強みを自覚するきっかけになります。

「生き物」を飼う
──「お世話」でやさしい心を育てる

　人や動物、植物に対して、自分より弱いものを慈しみ、育て、世話をしたいと思う気持ちを「養護性」といいます。これは大人だけでなく、子どもにも備わっています。

　養護性を感じ、世話をすることは、生きる活力の源になります。とくに生き物を飼うと、エサを求められたり、なでると喜んだりされるので、世話が報われることをダイレクトに感じられます。

　生き物の世話をすることで、**思いやりや愛情が芽生え、子どもの心も成長していく**のです。

賢く「生き物」を飼うにはどうすればいい?

■飼いやすいのは魚と昆虫

　経済的な負担が軽く、鳴き声やにおいのトラブルもほとんどなく、**手間がかからないのは魚と虫です。**

　飼いやすいのは魚ならメダカ、グッピー、金魚、虫ならダンゴムシ、カタツムリ、カブトムシ、バッタなどです。

■しつけをする

　犬や猫を飼う場合には、言うことを聞かなかったり、飼い主を嚙んだりすることがないよう、しつけをすることが欠かせま

せん。

　大手前大学現代社会学部の心理学者、中島由佳准教授は、ペットへの「猫かわいがり」は問題行動を起こす可能性を高めると忠告しています（『ひとと動物の絆の心理学』ナカニシヤ出版）。

　動物は「つねに自分の要求が通る」と学習すると、自分は家族の中でトップだと思い込み、**自分の地位を脅かすような家族の振る舞いをストレスに感じるようになります**。

　とくに生後３か月を過ぎてからは、新しい刺激に対して好奇心より恐怖心を感じるようになり、**不安から攻撃につながることがあります**。「三つ子の魂百まで、ということわざは、動物にも当てはまるようだ」と中島准教授はいっています。

■家で飼えない場合は学校で

　中島准教授らの研究によると、家で動物を飼ったことがなくても、学校できちんと飼育することを学べば、子どもの心に動物を大切に思う心が育ち、人への思いやりにもつながることがわかっています。

　学校では、子どもたちが世話をした後、**抱いたりなでたりする「ふれあい」の時間をもつことが重要**だと中島准教授はいいます。「ふれあい」の体験を通じて、動物が喜ぶことや嫌がることを学びながら、愛着を育んでいくのです。

■犬に読み聞かせをする

　アメリカでは、子どもが犬に読み聞かせをするプログラムがあります（読書介助犬プログラム）。

このプログラムでは、読むのが苦手な子や、友だちとうまく
コミュニケーションを取れない子が、犬という忠実な聞き手を
相手に、**1対1で約15分間の読み聞かせ**をします。

　子どもは他の子の目を気にしなくてもよいので、間違えてか
らかわれるというプレッシャーがなく、リラックスして読むこ
とに集中できます。

　子どもが言葉の意味を理解していないと思われるときには、
「○○（犬の名前）**はその言葉を初めて聞くと思うよ。どんな意
味か教えてあげて**」と言って、一緒に辞書を引いて調べます。
犬を介在させることで、子どもは自分が知らなくても引け目を
感じず、自分のペースで学習を進めることができます。

犬に対してだと、
子どもはリラックスして
音読ができる

創造力
をつけるには?

柔軟な脳にたくさんの「刺激」を与える

CREATIVITY

METHOD
48

「楽器」を習う
—— 楽しんで創造力を伸ばす

アメリカのジョージア工科大学に音楽知能研究所を創設したパラグ・コーディア元教授は、音楽は数学や科学における「創造性の火付け役」になることを明らかにしています。

また、音楽やアートは「**人が生きることや人の心の基盤となるもの**」だとコーディア元教授はいっています。

ヴァーモント大学のジェームズ・ハズィアック医学博士らの研究でも、**楽器の練習が子どもたちの独創的な表現力を育むのに大きな効果をもたらす**ことがわかっています。

楽器の演奏は英語で「プレイ」という動詞を使います。楽器は遊びながら学べるものなのです。

学校では副教科として扱われる音楽ですが、豊かな創造性を育むには欠かせない素養です。

「楽器」はいつ、何を選べばいい?

■ 始めるのにいい時期は「5~9歳」

南カリフォルニア大学ソーントン音楽学校のロバート・A・カティエッタ教授によると、子どもの脳の発達を考慮すると、歌や音で遊んだり、音楽そのものに触れるのは生まれた直後からが望ましく、**楽器のレッスンを体験してみるのは5歳くらいから、本格的に始めるのは6~9歳**がちょうどよいそうです。

■ ピアノを習う

ピアノは両手を使い、10 本の指それぞれに別の動きをさせながら、「いま演奏すべき音の情報」や「次に弾く音符の情報」など**膨大な情報量を処理する必要がある**ため、感性をつかさどる右脳と、言葉や論理をつかさどる左脳の両方を大いに刺激します。そのためピアノはほかの楽器と比べて、**計画性や社会性、問題解決能力、運動能力、言語能力といった知能を高められる**といわれています。

■ ヴァイオリンを習う

多くの子どもたちにレッスンをしているヴァイオリニストの西谷国登氏は、ヴァイオリンは気軽に誰かと一緒に演奏でき、練習で共演者とコミュケーションをとる機会も生まれるため、**自然と社交性が養われる**といいます。

さらに、ヴァイオリンは小さく軽いので、いろいろなところに持ち運んで、ほかの人と関わって楽しめる楽器です。ピアノに比べると安価な点も魅力ですが、長く続ける場合には成長に応じて買い替えが必要になります。

■ ドラム、ギターを習う

最近ではドラムやギターも習い事の楽器として人気です。ドラムは「叩けば音が出る」という気軽さから子どもになじみやすく、**全身を使うので、運動能力がアップする効果もあります。**

ギターは、基礎の段階をクリアするまでが難しい楽器ですが、ポップミュージックを演奏できるという親しみやすさや楽器の

値段のお手頃さも人気の理由のようです。

■ 毎日、短時間、練習する

練習は「無理やり」や「長時間」だと、子どもを楽器嫌いにしてしまいます。**練習時間は子どもの集中力が続く「10分程度」で十分です。**学習習慣と同様、ごはんやお風呂の前など、タイミングを決めておきます。

ポジティブ心理学の第一人者であるミハイ・チクセントミハイ教授によると、**練習に集中するコツは、「つねに目標をはっきりさせておくこと」。**そしてその目標は、「難しくても練習すれば達成できるレベルのもの」であることが重要だといいます。

自分がいま、何を目標にしているのかが理解できているなら、どこにエネルギーの焦点を合わせればいいかがわかり、集中しやすくなるのです。

がんばれば手に届く程度の
「明確な目標」を設定すると集中しやすい

METHOD 49 本物を「体験」する
—— 体を動かして五感を刺激する

「プログラミング教育の父」とも呼ばれるマサチューセッツ工科大学（MIT）の発達心理学者、シーモア・パパート名誉教授は、次のような言葉を残しています。

「知識は理解するということの、ほんの一部に過ぎない。**本当の理解とは〝体験〟から獲得するものである**」

学校で教わる知識だけでなく、自分で体験し、試行錯誤することで、より深い学びに到達できるのだとパパート名誉教授はいっています。

どんなことを「体験」するのがいい？

■ 自然体験で五感を刺激する

フェイスブックの創業者マーク・ザッカーバーグやアメリカのオバマ前大統領にも影響を与えたといわれる**「モンテッソーリ教育」**は、子どもの自立をめざす教育法です。

このモンテッソーリ教育では、「感覚教育」を大事にしています。子どもは感覚が鋭く敏感なので、右脳への刺激が、知的活動の基礎を築きます。**視覚・聴覚・嗅覚・味覚・触覚の五感を養うことで、創造力や表現力を育むことができます。**

そのためモンテッソーリ教育では、自然体験や日常生活のお手伝いなどを通じて体を動かし、五感を刺激することを重視し

ています。

　ディズニーやグーグル本社の社内保育園で採用されて最近注目を集めている幼児教育「レッジョ・エミリアアプローチ」でも、**子どもが自分で考え、手を使い、体を動かして活動を楽しむ**ことを教育の柱にしています。

自然の中での遊びを通じて「五感」を養う

■ ホンモノになりきる

　公立小学校教諭としてさまざまな実践をしてきた元東京学芸大学准教授の岩瀬直樹氏は、「自己主導型」の学びを提唱しています。

　そのひとつの例として、岩瀬氏は小学校の教員時代、「作家の時間」という学び方を導入しました。子どもたちが作家になりきり、**自分の書きたいテーマで作品を書き、読者であるクラスメイトたちに読んでもらう**という取り組みです。

　書いたら読み返して修正し、清書して、誰かに読んでもらう。

そしてたくさんのフィードバックを受けてどんどん作品をよく
していくという体験を重ね、書く力が磨かれていくといいます。

　子どもたちにあまり人気のない作文の時間が「書きたいこと
を書く時間」に変わり、創作を楽しむことができるようになる
のです。

　子ども向けの**職業体験施設「キッザニア」**でも、実際にそこ
で体験した職業をめざすようになる子どもがたくさんいます。
ホンモノになりきることで、子どもは**自分から主体的に取り組
めるようになります。**

■ 創作活動をする

　創作活動はまさに直接体験です。「作家の時間」もそうです
が、たとえばプログラミングも創作活動のひとつです。**自分で
つくりたいものを決め、それをどうやって動かすかを考えてい
く体験が、創造力を刺激します。**

　また、次世代の教育環境のひとつとして、「ファブラボ」とい
うものも注目されるようになっています。

　ファブラボとは、**3Dプリンタなどの最新機器を使って、気
軽にものづくりができる工房**です。2002年にMITから始まっ
たものですが、その工房はいまや世界90か国1000か所以上に
及んでいます。

　機器の値段も安くなってきたことから、日本にも少しずつ拠
点が広がっているので、こうした場所で創作体験をしてみるの
も、**オンリーワンの自分の作品をつくる力と自信**を育んでくれ
ます。

METHOD
50

「型」にはめない
—— 口をはさむのをぐっとこらえる

　アップル共同創業者のスティーブ・ジョブズは、「**創造性とは
いろいろなものをつなぐ力だ**」といっています。

　技術がさまざまな教養と結ばれてこそ、我々の胸を高鳴らせ
るような結果をもたらすとの信念から、iPad や iPhone が生ま
れました。ジョブズが重視したのは「**リベラルアーツ**」という
もので、その起源はギリシャ・ローマ時代の「自由7科」（文
法、修辞、弁証、算術、幾何、天文、音楽）にあり、専門や職業訓
練とは別の豊かな教養のことを指します。

　型破りな発想が求められるいまの時代、専門だけを極めるの
ではなく、**これまでの教科や分野の枠組みを超えた幅広い教養
を身につける**ことが重視されてきています。

「型」にはめないためには何を意識すればいい？

■ 命令形をやめる

「（あなたは）〜しなさい」「〜すべきだ（ではない）」という言
葉を押しつけていると、**子どもは自分で考えるのをやめてしま
います**。こうした命令や禁止、制限するような表現は、「You
メッセージ」と呼ばれます。

　これに対して「Iメッセージ」は、自分の気持ちを伝えるもの
です。「僕は〜だと心配だなぁ」「私は〜だから安心したわ」と

いったふうに気持ちを告げられると、**子どもはそれを助言として聞きつつ、自分の頭で考えることができます**。子どもが自分で考え、行動できるようにするためには、命令形は逆効果です。

■ レッテルを貼らない

　たとえば算数のテストがよくなかったからといって、「私も苦手だったから私に似たのね」「わが家は全員文系だから」などとまわりから言われると、子どもは本当に「自分は算数が苦手だ」と思い込むようになります。これは、**周囲の期待が低い場合、その期待通りにパフォーマンスが低下してしまう**という心理学の現象で、「ゴーレム効果」と呼ばれるものです。

　「〜に向いている」「〜は何の役にも立たない」などと決めつけるのも、**子どもの視野を狭めることになります**。

　一見、学校の勉強には関係がなかったり役に立たなそうなことでも、子どもが興味をもったり熱中していることには、口をはさまず見守るようにします。

■ 子どもの選択を尊重する

　親の勝手な基準で子どもの選択肢を限定したり、親が代わりに決めてしまうと、子どもの隠れた可能性にフタをしてしまうことになるかもしれません。そもそも、**親の判断が正しいという保証はどこにもない**のです。

　今日どんな服を着るかといった些細なことから、どんなことをして遊ぶか、どんな習い事をしたいか、将来どんなことをやってみたいかなどまで、**事の大小を問わず、ひとつずつ子ども自**

身で選ばせるようにします。その際、親ができることは、選択肢について案を出したり、調べたりしてあげることです。

　子どもの選択が親の期待通りではなく、想定の範囲からはみでてしまうと、親は否定したくなるものです。

　ですがそこで一歩ふみとどまり、それは**「自分の考える枠からはみだしてほしくないというエゴではないか」**と自分に問いかけてみます。

　もしかしたら子どもは失敗するかもしれませんが、失敗から学ぶことも成長の機会と考え、その選択を尊重します。

　失敗も含めたその経験が、子どものレジリエンスを育み、そして未来の可能性につながっていくかもしれないのです。

自分で考えて自分で決める習慣をつける

METHOD
51

「ゲーム」とつきあう
―― ゲームをコミュニケーションに生かす

時間を忘れてのめりこむ子どもが多く、もっぱら恨まれ役の
ゲーム（テレビゲーム、コンピュータゲーム）ですが、世界では
その教育効果が研究され、さまざまなメリットも明らかになっ
てきています。

たとえば「マインクラフト」というゲームは、**世界中の教育
現場ですでに幅広く活用されています**。レゴのようなブロック
を使い、好きなものをつくっていくゲームですが、レゴと違っ
てつくったものを自由に動かせる楽しさがあります。

さらに自分独自の世界をつくっていく過程で、木を切る斧や
土を掘るスコップなどの道具をつくったり、効率的に材料を集
める方法を考えたりするなど、**さまざまな発想を生み出す創造
力や問題解決力が身につく**といわれています。

また、世代を問わず人気の高いアクションゲームについては、
スイス・ジュネーブ大学の神経心理学者、ダフネ・バヴェリア
教授が、**集中力や計画性、批判的思考力、反射神経、立体の認
知能力**（頭の中に思い描いた物体を回転させる力）などを強化する
効果をもたらすとしています。

アメリカではゲーム開発者と教育の専門家が連携し、ゲーム
学習を基本にした学校づくりもすでに行なわれています。

ゲームと教育に関する研究にくわしい、東京大学大学院情報

学環の藤本徹講師は、「親がゲームを漠然と不安視するよりも、むしろ積極的に関わることで、**子どもは依存に陥ることなく、ゲームがもたらすよい影響を受けることができる**」といっています。

「ゲーム」とうまくつきあうにはどうすればいい?

■ 親の目の届く場所でやる

親の目が行き届く場所で、子どもがゲームをしている状態をしっかりと見守るようにします。「**端末は自分の部屋に持ち込まない**」「**端末と充電器はリビングに置き場を決める**」というルールを徹底します。

■ レーティングを活用する

ゲームには、暴力的、性的なシーンが含まれることがあり、子どもには不適切なものも数多くあります。

特定非営利活動法人コンピュータエンターテインメントレーティング機構（CERO）という組織が、ゲームソフトの表現内容にもとづいて対象年齢等を表示しているので、子どものゲームを選ぶ際は「**CERO A**」（全年齢対象）という、**最も基準が厳しいものを選ぶ**ようにします。

■ 課金ゲームに注意する

オンラインゲームやスマホゲームでは、無料とうたいながら、射幸心をあおってアイテムを買わせるようなものがあります。子どもが親のスマートフォンやタブレットを使ってゲームをし

ていると、**気づかないうちに課金してしまうこともある**ので、注意が必要です。

■ あえてゲームの話をする

　藤本講師は「野球やサッカーのことは親子で気さくに会話をするのに、ゲームについては親自身が興味がないからと話題にものぼらない。ゲームにまつわる親子の不和は、こうしたコミュニケーション不足から起こることが多い」と指摘します。

　積極的にゲームを話題にしたり、**親が子どもにゲームを教えてもらい、実際に体験してみる**など、ゲームは親子のコミュニケーションツールとして活用できます。すると子どもは親との信頼関係が強まったと実感し、**自主的に時間をコントロールする**など、**自律心が芽生える**ようになります。

一緒にプレイしたり、やり方を聞いたりして、
ゲームをコミュニケーションツールにする

■「ゲームをやりなさい」と言ってみる

　子どもが約束を守らず、ゲームをやめないようなときには、怒りのあまりゲーム自体を禁止してしまうことがあります。

　ですが人間には、**ダメと禁止されるとかえって興味が高まり、逆の行動に走りたくなる**という心理現象があり、「カリギュラ効果」と呼ばれています。

　つまり、ゲームを禁止されるよりも、ゲームを毎日強制されたり、やり方にいちいち口出しをされるほうが、**かえって興味をなくしてしまう**こともあるのです。

　藤本講師は「親は子どもがゲームをしている姿にばかり注意が向いてしまうが、子どもなりに忙しくがんばっている一日の中で、ひとつの息抜きの時間としてゲームを楽しんでいる。厳しく制限すると、かえってこっそりゲームをしようという行動につながりやすい。むしろ、**『宿題や家の手伝いをきちんとやった後でなら、気がすむまでゲームで遊んでよい』**といったルールにするほうが、自分でゲームとの付き合い方を工夫するような望ましい行動をうながすことができる」といっています。

METHOD
52

「好奇心」を伸ばす
—— 親自身が「ワクワク」を追求する

　好奇心は創造力の源です。「**感動することをやめた人は、生きていないのと同じ**」というアインシュタインの言葉がありますが、ワクワクした気持ちは人を意欲的にし、行動にかりたてます。

　2012 年の OECD（経済協力開発機構）による成人（16 〜 65 歳）を対象とした調査では、日本の学力は数的思考力などで世界トップクラスである一方、新しいことを学ぼうという意欲は低いことがわかりました。なんと**日本の20歳の好奇心は、スウェーデンの65歳並み**だそうです。

　いまはテクノロジーが発達し、なんでもその場で「ググる」ことで知りたい情報がすぐに手に入るようになりました。

　一方で、その手軽さや便利さがあだとなり、知らないものをあえて積極的に深掘りしていこうとする**好奇心が弱まっている**との指摘もあります。

　子どもたちには「**新しいことを知りたい**」「**知らないことを学ぶことは楽しい**」というワクワクした気持ちを育むための感動体験が必要です。

「好奇心」を伸ばすにはどうすればいい？

■ すぐに教えない

　インターネットで調べるとすぐに知りたいことがわかり、さ

らに関連するリンクを次々とクリックしていけば、どんどん情報が流れてきます。

　親は子どもの疑問に対して、そうして答えを与えると、問題を解決したような気分になりますが、**簡単に答えだけを知ったところで記憶にとどまらないことも多いもの**です。

　むしろ「どういうことかな？」「知りたい！」というモヤモヤした気持ちを抱えたまま、自分で図書館に行って調べるなど、**あえて時間をかけて確かめるほうが好奇心が深まります**。

　親は、子どもが自分で調べる方法を教えてあげるかたちでサポートするとよいでしょう。

■ 図鑑を置く

　東北大学の脳科学者、瀧靖之教授は、恐竜、宇宙、昆虫、動物、魚、植物、人体、岩石など、**さまざまな図鑑を子どもがいつでもさわれる場所に置く**ことを勧めています（『「賢い子」は図鑑で育てる』講談社）。最初は親が一緒に読み、「**仲間にはほかにどんなものがいるかな？**」などと声をかけながら楽しく誘導します。最近の図鑑に付いている DVD は画質もよいうえにリアル感にあふれているので、ますます好奇心が刺激されます。

■ 好きなことにハマらせる

　子どもがポケモンのキャラクターや戦隊ヒーローにしか興味をもたない場合でも、とことんハマらせます。**ひとつのことに夢中になる経験は、好奇心を追求する力の源泉になります**。

　さらに、戦隊ヒーローやキャラクターには基になっているモ

チーフがある場合が多いので、宇宙や星座、恐竜などへの興味につなげていくこともできると、瀧教授はいっています。

■ 親もワクワクする

一方的に図鑑を与えて「読みなさい」と命令しておきながら、親が何も関心を示さなければ、子どもが好奇心を感じることはありません。親も自分の好奇心を追求し、**わからないことがあれば調べる習慣**や、**新しい知識を人に伝える喜びをワクワクしながら示す**ことで、子どもは新しく学んでいく意欲を感じられるようになります。

■ 外に連れ出す

図鑑で知識を得たなら、知識をさらに深めるために、外の自然や博物館などに子どもと出かけてみます。机上で知識を得て、五感を使って本物を体験することをくりかえすと、**脳の広範囲が刺激され、好奇心の土台ができあがっていきます。**

アオスジアゲハだ!

図鑑で得た知識を、自然の中で体験させる

METHOD
53

「肯定表現」で話す
── ネガティブな思考を切り替える

　人間はネガティブな感情や思考は忘れにくく、ついそのことばかり考えてしまう傾向にあります。

　進化の過程で恐怖や不安、怒りや非難といったネガティブな感情を抱くことで生命の危険から身を守ってきた結果、**脳がそうしたネガティブな感情のほうが重要だと判断するようになった**からです。

　ネガティブな感情は緊張や疲労感、無気力や自信のなさにつながるので、失敗を恐れず、新しいものに挑戦しようとする気持ちや行動にブレーキをかけてしまいます。

　そこで、国際ポジティブ心理学会理事のイローナ・ボニウェル博士は、ネガティブな感情を**「肩に乗って考え方の癖を吹き込んでくるオウム」**にたとえ、子どもの感じ方を変えていくプログラムを編み出しました（足立啓美他著、イローナ・ボニウェル監修『子どもの「逆境に負けない心」を育てる本』法研）。

　オウムには、「誰かのせいだ」と言う**非難オウム**、「それは正しくない」と言う**正義オウム**、「自分はみんなより劣っている」と言う**敗北者オウム**、「きっと悪いことが起こる」と思い込む**心配オウム**、「できるわけないよ」と思う**あきらめオウム**、「自分が悪いんだ」と自分を責める**罪悪感オウム**、「自分には関係ないし」と問題から目を背ける**無関心オウム**の７種類がいます。

子どもがネガティブな思考に陥っているときは、この中でどのタイプが肩に乗っているのかを一緒に考え、そのオウムを追い払う方法を考えます。

　そして、オウムが吹き込む否定的な表現を、肯定的な表現に置き換えていきます。

　そのようにして気持ちを立て直すことで、ポジティブな気持ちや行動へと子どもを導きます。

「肯定表現」で話すにはどうすればいい?

■ オウムの言葉を変えてみる

　まずは子どものネガティブな感情に「そうだよね」「わかるよ」と共感したうえで、「少しだけ前向きに言い方を変えてみたらどうなるかな」とうながします。

　オウムの言っているセリフをイメージし、その後に「でも……」と続けて、どんなふうに言葉を続ければ、前向きな行動につなげられるかを考えさせるのです。

　たとえば「あいつのやったことは悪い」と言う非難オウムや正義オウムには、「でも、自分が悪いところもあるかもしれないから直すようにしよう」と続けられます。

「うまくいくか不安だ」と言う心配オウムには、「でも、やらないよりやったほうがいい経験になるかも」。

「自分にできるわけがない」と言うあきらめオウムや敗北者オウムには「でも、もう少しだけがんばってみよう」。

　そんな具合に続けていくと、ネガティブな感情がポジティブな感情に少しずつ変わっていきます。

■ 自分の肩に乗せたいオウムを考える

　ネガティブな言葉を言ってくるオウムではなく、**どんな言葉をかけてくれるオウムがいたらいいかを一緒に考えます。**

「大丈夫！　やればできるよ」と言ってくれる励ましオウムや、「よくやっているよ。リラックス、リラックス」と言ってくれるリラックスオウムなど、自分を元気づけてくれたり、安心させてくれるようなオウムを、自由な発想でイメージします。

■「Yes, and」のマインドを大切にする

　夢のような話をするとき、子どもの心はポジティブな感情であふれています。ですが大人はつい現実的に考え、**「さすがにそれは無理……」と水を差してしまう**ことがあります。

　また、「それは素晴らしいアイデアだね。でも……」といったんは肯定しつつ、実現の可能性が低いなどの理由で結局は否定する言い方（Yes, but）も、子どもの感情をネガティブなほうへと導いてしまいます。

　創造力の聖地、シリコンバレーでは、自由な発想やアイデアを遮断しないよう、「Yes, and」の思考が充満しているといわれています。「そうだね、それで……」と、もっとその発想を深めていくような問いかけです。

　子どもに対しても、「それで、どんなことができるの？」「それはどうしたら実現できるかな？」というポジティブなコミュニケーションをとることで、創造力を前向きに伸ばしていくことができます。

METHOD
54

「アート」に触れる
——気軽にいろんな感想を語る

コミュニケーション力

思考力

自己肯定感

創造力

学力

体力

全米トップの美術大学、ロードアイランド・スクール・オブ・デザインのジョン・マエダ前学長はこういっています。

「20世紀の世界経済はサイエンスとテクノロジーが変えたが、**21世紀の世界経済はアートとデザインが変える**」

実際、近年では、固定概念を壊し、自由な発想をもたらすものとして、アートがビジネスの世界でも重視されるようになっています。

本物の芸術作品に触れると、その感動から創造力がかきたてられます。コロンビア大学芸術教育センターが行なった調査では、**芸術の授業を多く受けている生徒ほど、創造力が高いこと**がわかっています。

東京工芸大学のグラフィックデザイナー、福島治教授は、**「アート鑑賞で右脳を刺激されることで、ふだんとは違う発想にもつながっていく」**といいます。さらに、自分はどう感じたかを表現したり、他の鑑賞者の解釈を聞いたりすることで、まったく新しい発想を得ることができます。

効果的に「アート」に接するにはどうすればいい？

ニューヨーク近代美術館（MoMA）で編み出された「対話型アート鑑賞法」という教育プログラムでは、15〜20分かけて

グループで1つの作品をじっくり鑑賞し、その後、専門の学芸員がリードしながら、**作品について感じたこと、考えたことなどを話し合います。**

　このプログラムは、世界各国の教育現場で採用され、とくにアメリカでは、約300の学校および約100の美術・博物館で導入されています。家族で出かけるときにも、この鑑賞法を参考にしてみるといいでしょう。

■ 気軽に美術館に行く

　特別な準備や、「子どもにはまだ難しいかも」「楽しめないのでは」といった気づかいは不要です。本物を見る機会として**気軽に親子で楽しもうという程度の気持ち**でふらりと出かけてみます。

■ お気に入りの作品を選ぶ

　作家が誰でどんな技法で、いつの時代に描かれたかなどを知る必要はありません。むしろ、美術に関する知識を介さず、**まっさらな状態で作品に向き合い、親子でお気に入りの作品を選びます。**

■ 親子で対話する

　次に、お気に入りの作品と向き合って、想像をふくらまします。「対話型アート鑑賞法」では、**3つの問いかけ**をします。

・この作品の中では、どんな出来事が起きているだろう？

・作品のどこからそう思ったかな?

・他に発見したことはある?

　正解はないので、自由な発想で深く掘り下げていくことができます。また、子どもの発言がたどたどしいときには、「〜ということかな」などと言い換えてあげると、子どもが自分の気持ちに気づいたり、語彙を増やすことにもつながります。

何が起きているのかなあ?

どこからそう思ったかな?

他にはなにか見つかった?

質問することで、アートへの興味を深める

■ 多様な意見を受け入れる

　福島教授は、「対話型アート鑑賞で多様な意見に出合うと『人はみんな感覚が違う』ということを体験できる」といっています。家族や友人同士で自由に発言して、多様な意見を受け入れる土壌ができてくると、新しいアイデアが生まれやすくなります。

METHOD
55

「没頭」させる
——フローに入るのを邪魔しない

　没頭するとは、まるで体の感覚がなくなるくらい、時間を忘れて何かに深く集中することです。このことを、ポジティブ心理学者のミハイ・チクセントミハイ教授は「フロー体験」と呼んでいます。これは一般的には、**自分の好きなことをしているときに起こる**といわれています。

　チクセントミハイ教授が調べた結果、創造性あふれる芸術家、科学者、スポーツ選手など、**さまざまな世界で活躍する人々は例外なく「フロー体験」をしている**ことがわかっています。

　幼児教育者であり医師でもあったマリア・モンテッソーリ博士も、フローという概念がまだ存在しなかったころから、すでに子どもたちの没頭する様子に注目して観察を続け、没頭できる体験を「モンテッソーリ教育」の柱に据えています。

　また、ハーバード・ビジネス・スクールの社会心理学者、テレサ・アマビール名誉教授は、賞やお金、評価など、周囲から与えられるものよりも、興味や楽しさ、満足感ややりがいなど、**内から湧き出るモチベーションが高いほど、人は創造的になる**といっています。

　子どもがフロー状態にあるときはどんなときか。じっくり観察してみると、子どものやりたいこと、得意なことが見えてきます。

「没頭」体験をさせるにはどうすればいい？

■ シンプルな環境にする

　カリフォルニア大学ロサンゼルス校で臨床准教授を務めた教育心理学者のシャーロット・レズニックは、**子どもの創造性を伸ばすには、環境を「シンプル」にするべき**だといっています。

　環境がシンプルだと気が散らず、興味のあることに集中でき、想像力をふくらましたり、考えをめぐらしたりできます。棚やおもちゃのバスケットに布をかけるだけでも効果的です。

■ スクリーンをオフにする

　テンプル大学の発達心理学者、キャシー・ハーシュ＝パセック教授は、98％もの人が「マルチタスクが苦手」であり、**集中するにはまわりの刺激やノイズを遮断すべき**だといっています。とくにスマートフォンの誘惑は強く、子どもたちはつねにスクリーンからの刺激にふりまわされています。

　何かに没頭したり集中する際は、**身のまわりのスマホやゲーム、テレビから遠ざかる**ようにします。

■ 積極的な活動の時間を増やす

　自由時間の過ごし方で気をつけたいのは、「積極的」か「受身的」かの違いです。チクセントミハイ教授は、テレビを見ながらくつろいだりショッピングモールをぶらぶらしたりすることを否定はしないものの、**問題はそれが適量かどうか**だといっています。

受身的なレジャーで自由時間を埋めてしまうと、消費するエネルギーは少なくて済みますが、フローを体験しにくくなるからです。

チクセントミハイ教授らの研究では、スポーツや趣味など、自由時間に積極的な活動をすることで、受身的な活動をするときに比べてフロー体験が約３倍になることがわかりました。

また、ドイツでの大規模な調査では、**本をよく読めば読むほど、より多くのフロー体験ができる**一方、テレビを見ることについては逆の傾向が報告されています。

■ 急かさない

ハリウッドの鬼才スティーヴン・スピルバーグの母親は、ろくに勉強もせず、８ミリカメラでおもちゃの機関車が衝突するシーンをフィルムに収めたりするようなことばかりに熱中していた息子を、終始温かく見守り続けたそうです。

子どもがいったん夢中になり始めたら、**その没頭状態を大切にしてあげて、**できるだけ「次は○○する時間なので早くして」と急かしたり、「もうおしまい」と言って途中で中断させてしまわないようにします。

■ 親自身が没頭できることを見つける

子どもは親が何かを楽しそうにやっていると興味を示します。そして**楽しそうなことは、すぐに真似をします。**親が目をキラキラさせて何かに没頭している姿を見れば、子どものほうも自然とワクワクしてくるものです。

METHOD
56

つくる&試す
―― 手を動かしながら答えを見つける

　慶應義塾大学総合政策学部の井庭 崇 教授は社会のキーワードとして、高度成長期は「消費」、21世紀初めは「情報」（コミュニケーション）、そしてこれからは「創造」を挙げています。

　これからの社会では、**本格的に何かをつくる経験を通して、知識やスキルを習得し、視野を広げ、成長していく学び方**が重視されるだろうといっています。

　つくるというのは物理的な「ものづくり」に限りません。社会のさまざまな問題に対する新しい解決策やしくみをつくることも含まれます。

　そこにはひとつの正解があるわけではなく、ほかの人と一緒に力を貸し合いながら、**忍耐強く試行錯誤をくりかえし、自分たちなりの答えを見つけ出していく**のです。

■「試行錯誤」できる力をつける

　MITの発達心理学者、シーモア・パパート名誉教授は、つくりながら学ぶときに最も大切なのは、「ミスを修正し、つくり直し、また実行してみる『デバッグ』（バグを取り除く）のプロセス」だといいます。

　カリフォルニア大学バークレー校の社会学者、クリスティン・カーター上席研究員は、**子どもにこうした「デバッグ」の体験**

をさせるための親の心得をいくつか挙げています。

「つくって試す」にはどうすればいい?

■ 専用の場所を与える

　子どもが自由に自分の世界をつくりあげていけるよう、**散らかしても汚してもいい「ものづくり」のための場所**を決めておきます。

■ 自由な時間を確保する

　大人が一切口出しをしない、**子どもが自由に過ごせる時間を確保します。**ただし、ゲームや既製のおもちゃなどは使わないようにします。

■ 材料を準備する

　絵を描いたり工作できるような画材、古着・空き箱などのガラクタ、積み木やレゴといったブロックなどをいつもそこに置いておきます(カーターは、**親が使わなくなった古いカメラ**なども、子どもにもたせるアイテムのよい例として挙げています)。

■ 親が判断しない

　子どもが何かをしようとしたとき、「それは無理だ」とか「こっちのアイデアのほうがいい」などと大人が判断してしまうと、子どもの創造性は萎縮してしまいます。

　子どもがつくりたいものややりたいことについて、**大人の視点で判断せず、自分で好きなようにトライさせます。**

■ プログラミングを学ぶ

　以上の４つのカーターの心得に加えて、**プログラミングでも「ものづくり」の面白さを味わえます。**

　プログラミングは一度でうまくいくことはほとんどなく、何度も「デバッグ」をくりかえすことで、やっと思い通りに動くようになるものです。

　子どもがプログラミングを学ぶ最大の意義は、言われた通りに正しく課題をつくりあげることではなく、**忍耐強く何度も修正しながらやり抜く力を身**につけることにあります。

「ものづくり」の試行錯誤を通して、やり抜く力を身につける

METHOD
57

「想像力」を豊かにする
――いまの「無駄」が将来の力になる

　ロシアの心理学者レフ・ヴィゴツキーは、「人間がもつ想像力は、創造力の重要な基盤となる」といっています。そして、**遊びや趣味にこそ、さまざまな創造に結びつくタネがあること**を指摘しています。

　想像力は芸術的な分野に限らず、科学、そして日常生活や人間関係などにも欠かせないものです。ヴィゴツキーによると、**想像力は一部の天才だけに備わった特殊な能力ではなく、すべての人に備わっている**といいます。

　パブロ・ピカソも「子どもは誰でも芸術家だ。問題は大人になっても、芸術家でいられるかどうかだ」という言葉を残しています。子どもが生まれながらにもっている想像力を損なわず、豊かに育んでいくことは、新しい未来を創造していく力になります。

「想像力」を豊かにするにはどうすればいい？

■ 自由に遊ばせる

　子ども用のプログラミング言語「スクラッチ（Scratch）」を開発した MIT のミッチェル・レズニック博士は、幼稚園での子どもたちの学び方に注目し、「すべての世代の学習者は幼稚園児のように学ぶべきだ」といっています。そして、子どもた

ちが**自分で選んだ遊びを楽しみながら、実験したり、つくったり、いろいろな挑戦をする体験**こそがとても大切だといいます。

ところが、子どものスケジュールをすべて習い事などで埋めてしまったり、テレビやゲーム、YouTube に時間を奪われるばかりでは、内面から湧き出る想像の芽に気づく余裕がなくなってしまいます。

親は子どもに、**自分のペースでゆったりと過ごせる時間**をつくってあげる必要があります。

■ おもちゃを与えすぎない

アメリカ・トレド大学の児童発達学の研究チームによると、**おもちゃは少ないほうが子どもはより長い時間集中して遊び、探究心や想像力を発揮しやすくなる**ことがわかっています。

子どもにとってはむしろ空き箱や空き缶のようなものがおもちゃ以上に想像力をかきたてる楽しい遊び道具になります。

■ 友だちと遊ぶ

遊ぶときや何かをつくったりするときは、**協力したり共有したり、刺激し合ったりできる仲間**がいると、想像力がさらにふくらんでいきます。

■ 本を読む

読書は、現実では体験できないことを想像の中で体験させてくれます。**読み聞かせは、親子で想像の世界に入りこむことができる楽しい時間**です。

■ 応答する

　言葉の発達は、子どもの想像力に影響します。法政大学の発達心理学者、渡辺弥生教授によると、たとえば子どもが雲などを見て「○○に見えるね」と言ったら、「そうだね」と受け止めてあげるだけでなく、「**ママ（パパ）には××にも見えるなぁ**」**などと自分なりのイメージも伝えてあげるとよい**そうです。

　子どもはそうした対話を通じて言葉を豊かにすることで、想像の世界を広げていくのです。

あの雲に乗ったら、宇宙に行けるかな？

ふかふかしたベッドみたいだね。雲の中ってどうなってるんだろうね

さまざまに答えを返して、想像力を刺激する

■ 無駄も大切にする

　心理学では、想像は何もないところから湧き出るのではなく、過去の経験を素材にして生み出されるといわれています。大人からすれば「どうしてそんなことにこだわるのかな」と理解できないようなことでも、**子どもの経験は一つひとつが、いまのその子にとって必要なもの**です。一見、無駄に見えるようなことをしていても、じっくり見守ってあげることが大切です。

METHOD
58

「瞑想」する
―― 親子でやれば楽しくできる

コミュニケーション力

思考力

自己肯定感

創造力

学力

体力

　マインドフルネスとは、坐禅の瞑想を起源とする瞑想法のひとつで、最先端の脳科学や精神医学の分野で研究されています。マインドフルネスでは、いま、この瞬間に起きていることに意識を向け、それを**あるがままに受け入れ、脳の疲れをリセット**します。すると、不安や緊張、プレッシャーといったストレスが軽減され、**心がよりポジティブでリラックスした状態になる**ので、**幸福度が高くなる**といわれています。

　マインドフルネスは世界中のエリートやトップアスリートたちが実践していることで注目されるようになり、現在は発祥の地であるアメリカをはじめ、世界各国の教育現場にも取り入れられています。さらに、オランダ・エラスムス大学の研究チームによると、**1日10分程度のマインドフルネス瞑想には創造性を高める効果がある**こともわかってきました。

楽しく「瞑想」するにはどうすればいい？

■ ゆっくり座って呼吸する

　背筋を伸ばして座り、お腹と肩の力を抜きます。あぐらでも大丈夫です。手は太ももの上に乗せるか、お腹に当てます。目は閉じるか、軽く前を見ます。ゆっくりと鼻から息を吸い、お腹がふくらむ感覚、吐くときのへこむ感覚、空気が鼻を通って

いく感覚に注意を向けます。**余計なことが頭に浮かんできても あわてず、呼吸に意識を向け直し、これを3分ほど続けます。**

■ 体の動きに注目する

マインドフルネスの第一人者としてイェール大学で先端脳科学研究に携わってきた久賀谷 亮（く　が　や　あきら）医師は、座ってじっと瞑想するのが苦手な場合には、「**ムーブメント瞑想**」という方法を勧めています。この瞑想法は、体の動きに詳細に注意を向けることで、頭の中の雑念をリセットするというものです。

たとえば、足を肩幅に開き、「**筋肉や関節がどう動いてるかな**」と意識しながら、腕の力を抜いてゆっくりと下から上に上げていきます。腕を上げきったらいったん止めて、筋肉の状態や肩の開きなどに注意を向けます。そしてまた、ゆっくりと腕を下げます。これを数回くりかえします。

ムーブメント瞑想のやり方

ゆったりした動きやすい服装で

①足を肩幅に開く

②腕の力を抜き、下から上に、
　ゆっくりと上げていく

③腕を上げたら静止して、
　筋肉や関節の動きに注意を向ける

④ゆっくりと腕を下げる

出典：「プレジデントFamily」(2017冬号)

■ 同じ時間・同じ場所で

久賀谷医師は「毎日同じ時間・同じ場所で、より長く続けることで効果が出てくる」といいます。

脳の変化には継続的な働きかけが重要です。ゲームやテレビなどの誘惑が周囲にない静かな場所で、**1日3分×3回を目標に、就寝前や入浴後など、時間を決めて実践します。**

■ 親子で一緒にやる

親子で一緒にやると、子どもに習慣付けしやすくなります。また、桜美林大学の身体心理学者、山口 創 教授は、子どもにストレスをもたらす最大の原因は親のストレスであり、**親がマインドフルネスを実践すれば、子どものストレスも軽減できる**といっています。

■ 触覚を刺激する

山口教授によると、子どもにとっては**触覚を使うこともマインドフルネスになる**そうです。粘土遊び、土いじり、フィンガーペインティングなど、触覚を刺激する遊びから、瞑想のような効果が得られるといいます。

METHOD
59

「ぼーっ」とする
――子どもは意外と疲れている

　脳は体重の2％ほどの大きさですが、体が消費する全エネルギーの20％を使います。さらに、この脳の消費エネルギーの60〜80％が、**デフォルト・モード・ネットワーク（DMN）** という脳回路に使われています。

　DMNは、脳が意識的な活動をしていないとき、つまり、ぼーっとしているときに働いている領域です。自動車のアイドリング状態と同じで、これから起こるかもしれない出来事にそなえるため、**さまざまな脳の活動をまとめあげるのに重要な役割を果たしています。**

　さらに最近では研究が進み、このDMNが、私たちの脳の中に散らばる「記憶の断片」を無意識のうちにつなぎ合わせ、思わぬ「ひらめき」を生み出しているのではないかと注目されています。

　ぼーっとしている子どもが目に入ると、「ぼーっとしている時間がもったいない」と大人は思いがちですが、子どもは毎日学校で過ごすだけでも十分すぎる刺激を受け、**体も脳も、大人が思う以上に疲れています。**

　イェール大学の感情知性センターが考案した感情教育のツール「ムードメーター」は、「いまどんな気分か」を色分けされた座標軸で表します。

　親は子どもに対して、エネルギーも楽しさも大きい「黄色ゾーン」にいることをつねに期待しますが、子どもには、エネルギーは少なく楽しさは大きい、**穏やかでゆったりした「緑色ゾーン」でぼーっとすることも必要**です。

　ぼーっとする時間は、子どもの創造力を育むうえで、とても貴重な時間になります。

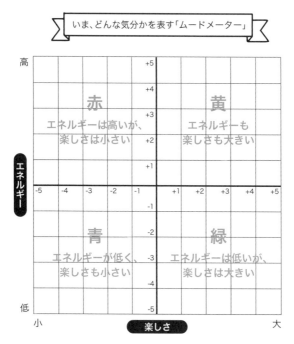

いま、どんな気分かを表す「ムードメーター」

赤 エネルギーは高いが、楽しさは小さい	黄 エネルギーも楽しさも大きい
青 エネルギーが低く、楽しさも小さい	緑 エネルギーは低いが、楽しさは大きい

高　　　　　　　　　+5 / +4 / +3 / +2 / +1 / -1 / -2 / -3 / -4 / -5　低

エネルギー

-5 -4 -3 -2 -1　+1 +2 +3 +4 +5

小　　楽しさ　　大

子どもには「緑ゾーン」の
ゆったりとした時間も必要

「ぼーっ」とするにはどうすればいい？

■ ぼーっとする時間を確保する

一日の中で、ぼんやり空想できるような時間を確保します。全米最優秀女子高生を育てた母であり、ライフコーチのボーク重子さんは、娘が通っていたアメリカ屈指の名門小学校でユニークな宿題に出合ったといいます。それは**「毎日20分間の空想」**です。

ボークさんは、クレヨンや画材を置いた「アートルーム」という空間をつくり、子どもが小学6年生になるくらいまで毎日20分間、自由に過ごさせました。

「毎日20分も空想していると飽きてしまう。でも、この『飽きる』という行為も、じつはとても大事。**人は飽きるとクリエイティブになれるから**」とボークさんはふりかえります（『世界最高の子育て』ダイヤモンド社）。

■ 疲れにくい脳をつくる

DMNが過活動になると、疲労感がたまっていき、それによって集中力やパフォーマンスが低下します。

逆に、DMNの活動を抑える脳構造をつくれば、疲労感を感じにくくなります。

DMNの活動を抑えて疲れにくい脳をつくるには、**スマホやPC、テレビなどの「スクリーン」をオフにすること**、そして、**マインドフルネス**が有効です。

METHOD
60

「本」で囲む
——読書は地頭をよくする万能の習慣

コミュニケーション力
思考力
自己肯定感
創造力
学力
体力

　読書の習慣は、世界中の一流のリーダーに共通する特徴のひとつです。本は仕事に役立つ情報や新しいアイデアを生むための「知恵」を与えてくれます。

　子どもにとっても、**本は視野を広げる大切な道具**です。読書を通じて、魅力的な人物にたくさん出会い、新しい興味を見つけ、ワクワクします。そうして読書は想像力や創力の基盤になりますが、その他にもさまざまな力が養われます。

　ひとつは「**読解力**」です。本を読むか読まないかの差は、幼いときはあまり目立たないものの、年齢とともに少しずつ大きくなっていきます。トロント大学の心理学者、キース・スタノヴィッチ名誉教授は、**読書においても「マタイ効果」が存在する**といいます。マタイ効果とは聖書の一節になぞらえたもので、「富める者は富み、奪われるものはますます奪われる」という現象です。成長とともに、**読書をすればするほど理解力が高まる**子どもがいる一方、読書をしないためにどんどん理解力が追いつかなくなる子どももおり、その差は広がっていきます。

　また、「**語彙力**」も発達します。ベネッセコーポレーションの語彙調査によると、高校生、大学生とも、読書が好きかどうかと読書量の多さは、語彙力との関連が非常に強いことがわかっています。

読書量が増えると語彙が増え、理解力が高まり、本が好きになり、さらに読書量が増えるという好循環が生まれます。

　さらに、「思いやり」も育まれます。国立青少年教育振興機構が2013年に行なった「子どもの読書活動の実態とその影響・効果に関する調査研究」によると、子どものころの読書活動が多いほど「できれば、社会や人のためになる仕事をしたいと思う」「電車やバスに乗ったとき、お年寄りや体の不自由な人に席をゆずろうと思う」といった意識が高い傾向が見られました。

「本好き」にするにはどうすればいい?

■ リビングに本棚を置く

　世界に1400万人ほどしかいないにもかかわらず、アインシュタインのような天才や、スターバックス、グーグル、フェイスブックの創業者を輩出、さらにはノーベル賞受賞者の約22%を占めてきたユダヤ人。迫害がくりかえされる中、彼らは**どこへ行っても決して盗まれることのない「頭脳」を大切に育ててき**たといわれています。

　国際教養大学のアンドリュー・J・サター特任教授は、ユダヤ人の多くの家庭には、リビングなど**家族が集まる場所に本棚がある**といっています。上のほうには大人の本、下のほうには百科事典や図鑑、辞書など、子どもが自分で調べられる本を置いておき、わからないことがあれば一緒に調べるのだそうです。

　また、リビングのほかにも、**寝室や廊下など、自然と子どもの目にとまるところに本を置いておく**と、いつでも気の向くままに手にとって読むことができます。

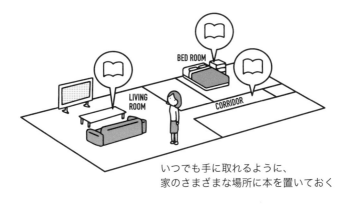

いつでも手に取れるように、
家のさまざまな場所に本を置いておく

■ 読み聞かせをする

『魔法の読みきかせ』の著者、ジム・トレリースによると、**子どもは中学2年生くらいまで、読む力が聞く力に追いつかない**といいます。大人に読み聞かせてもらい、「わかった！」「面白かった！」という体験をすることが、もっと読みたいという気持ちにつながります（08「『読み聞かせ』をする」参照）。

■ 親が本を読む

厚生労働省が小学2年生とその親を対象にした調査によると、**子どもが1か月に読む本の冊数は、両親が読む本の冊数にほぼ比例している**ことがわかりました。また、ベネッセの調査では、1か月に紙の本や電子書籍を3冊以上読むという人に、読書が好きになったきっかけを聞いたところ、「**子どものころに、本を読み聞かせてもらったこと**」「**身近な人が本好きだったこと**」との回答が最も多く選ばれました。両親が本を読む家庭では、子どもが読書好きになる傾向にあるようです。

METHOD
61

「落書き」をする
──脳の非集中モードで創造力がアップ

　子どもは落書きの天才です。小さなころは壁や床、小学校に入るころには教科書やノートにも……。

　落書き＝いたずら、というイメージがあるかもしれませんが、じつはいま、**落書きが脳をリラックスさせ、創造力を発揮できる方法**のひとつであることがわかってきています。

　落書きによって脳がリラックス、つまり非集中の状態になると、「脳の扁桃体の活性化が抑えられ、前頭極が活性化し、創造力が高まる」と、ハーバード大学の精神医学者、スリニ・ピレイ臨床准教授はいっています（『ハーバード×脳科学でわかった究極の思考法』ダイヤモンド社）。

　落書きは、**意識の壁を壊し、無意識の自己を呼び覚ましてくれる大事な時間**なのです。

のびのびと「落書き」をするにはどうすればいい？

■ 壁一面を落書きスペースにする

　ウォールステッカーといって、壁一面を黒板やホワイトボードにできる便利な壁紙が手頃な値段で売られています。

　黒板はインテリアとしては深い緑が目にやさしく、部屋が落ち着いた感じになる反面、チョークの粉が部屋を汚してしまうのではないかとの心配もありますが、最近では粉が飛ばない

チョークもあります。

　ホワイトボードは発色がきれいですが、専用のペンがチョークよりも割高で、洋服についたときに落ちにくいことも。

　それぞれメリット、デメリットがあるものの、**どちらを選んでも子どもにとっては間違いなく楽しい空間**になります。

壁に貼れる大きなステッカーを使って、
家の壁を落書きスペースにしてしまう

■ 消せるマーカーやクレヨンを使う

　壁を落書きスペースにすることが難しい場合でも、「**キットパス**」という、ガラスに書いても濡れた布で消せる優れもののペンがあり、子どもは窓ガラスに思い切り落書きができます。また、濡れた壁に書けるタイプもあり、お風呂の中でも落書き

ができます。

■『らくがき絵本』シリーズを使う

『らくがき絵本』（ブロンズ新社）は、「らくがきこそが絵のはじまり」と、絵本作家の五味太郎さんがつくった絵本シリーズで、世界中で楽しまれています。

空っぽのお鍋ででこぼこ道、こんな音のする絵を描こうとか、気の毒な犬を描こうとか、落書きをするためのユニークなテーマがたっぷりあり、**子どもと一緒に大人も創造力が弾ける内容**になっています。

■ 落書き好きは大成する

ピレイ准教授は、2007年までの44人のアメリカ大統領のうち、26人は落書き好きだったといっています。

大統領のように、同時に複数の重要な仕事をこなさなければならない場合でも、**落書きのような非集中の時間をとることで、時間の使い方がずっと効率的になる**ことがわかっています。

たとえばグーグルのような企業が、社員にゲームやスポーツ、ジムの設備を提供しているのは、そうした根拠があるからです。

落書きを通じて**脳をリラックスさせたり、ふたたびギアを集中モードにしたり**という脳内の切り替えが子どものころから育まれると、創造力や思考力などが高まるといえます。

学力

をつけるには?

効果的なフィードバックで
「やる気」を引き出す

STUDY

子どもの「タイプ」を知る
――タイプに合わせて学習法を選ぶ

親はよく「なぜ、うちの子は……」と、子どもができないことに目が向きがちですが、一方で、**子どもがもっている「いいところ」には気づけていないことが多々あります。**

子どもの才能を存分に発揮させてあげられるよう、わが子のタイプを知る手がかりとなるのが「多重知能理論」です。

1983年にハーバード大学の心理学者ハワード・ガードナー博士が提唱したもので、人間のもつ知能には8種類あり、学校での**いわゆる「お勉強」として評価される知能は、このうちの2種類だけ**だそうです。

この8種類の中から、子どもの特性に合わせて得意分野を見つけ、**得意な方法で学習させれば、その子のもつ能力は大きく引き上げられる**とガードナー博士はいっています。

子どもの個性を重視したこの理論は、アメリカやオランダ、オーストラリアの公教育にも導入され、成果をあげています。

子どもの「タイプ」を知るにはどうすればいい？

■8つの知能を知る

子どもが、以下のどのタイプに当てはまるかを考えます。

①**言語的知能**：文章を書くことが得意。言葉に興味がある。読

書好き。算数や理科より、国語や社会が得意。

②**論理・数学的知能**：科学的なことに対する理解が早い。数量に興味があり、分析するのが得意。国語や社会より算数や理科が得意。

③**空間的知能**：パズルや図形問題が得意。言葉で説明されるより、絵や図で説明されたほうが理解しやすい。

④**音楽的知能**：歌や楽器演奏が上手で、音を聞き分けられたり、メロディをすぐに覚えられたりする。

⑤**身体運動的知能**：スポーツが得意。実際に手を動かしたほうが理解しやすく、うまくできる。

⑥**対人的知能**：ひとりでやるよりほかの人と一緒にやるほうが作業がはかどる。人に頼ったり頼られたりすることが多い。

⑦**内省的知能**：ひとりでじっくり考え、作業するほうがはかどり、困ったときも自分だけで解決できる。

⑧**博物的知能**：特定の物事にくわしい。図鑑に夢中になる。同じように見えても違うものについて細かい違いによく気づく。

■ 得意に合わせた方法を選ぶ

　①と②に当てはまる子は勉強が得意なタイプが多く、学校での勉強に向いています。残りの6タイプの子には、次のような方法を取り入れると、学習がうまくはこびます。

③**空間的知能**：図や写真をたくさん使った本を選ぶなど、ビジュアルを重視する。

④**音楽的知能**：本や教材を音読したり歌にするなど、声に出す。

⑤**身体運動的知能**：実験をしたり道具を使ったり、座るときに
もバランスボールを使うなど、体を動かしながら集中させる。

⑥**対人的知能**：ひとりではなく、家族や友だちと一緒にやる。

⑦**内省的知能**：ひとりになれる場所や時間を確保する。

⑧**博物的知能**：図鑑をそろえて、実物に触れる経験をさせる。

空間的知能　　　　　　　音楽的知能

身体運動的知能　　　　　　対人的知能

内省的知能　　　　　　博物的知能

子どものタイプによって、やりやすい勉強法はさまざま

METHOD
63

「算数力」をつける
―― 楽しみながら数字を身近にする

　算数が得意になるには、地道にドリルをコツコツ解くしかない――。そんな思い込みをくつがえす最新の研究結果があります。子どもの感性で思考力を伸ばすアプリ教材やSTEAM教育教材を開発しているワンダーラボ（旧：花まるラボ）が行なった実証実験では、子どもたちに思考センスを育てるアプリ「シンクシンク」を毎日15分プレイしてもらうと、3か月後、学力が本当にアップするという結果が出ました。

　注目したいのは、子どもたちにとってはまるで遊びとしか思わない15分で、教科書で学ぶ計算力や文章題までもが以前よりできるようになったことです。

「算数力を伸ばすには、子どもたちが意欲（＝ワクワク）を感じられることが大事」とワンダーラボ代表の川島慶氏はいっています。入り口が「遊び」だと、子どもたちはワクワクします。ワクワクは思考力や想像力を伸ばすだけでなく、計算のようなスキルの吸収力、理解力も高める効果があるのです。

＊国際協力機構（JICA）とカンボジア政府の協力のもと、カンボジアの小学3〜4年生1500人を対象に行なった実証実験。算数の授業の中で、思考センス育成アプリ「シンクシンク（Think!Think!）」を使うグループと使わないグループに分け、始める時点と3か月後の学力を比較調査した。調査方法は、カンボジア国内の学力テスト・国際学力テスト（TIMSS）・IQテストの3つの学力試験の結果を慶應義塾大学の中室牧子研究室が分析したところ、偏差値にして6.0〜9.0ポイントの効果が確認された。また、思考力だけでなく、カンボジア国内の学力テストで多く出題される計算や文章題といったオーソドックスな問題でも学力の向上が見られた。

いまやコンピュータがすべて正確に計算してくれる時代ですが、物事の大小や多い少ないの感覚を直感的につかむためにも、算数力は重要です。たとえば「1000キロメートルの散歩に行く」「鍋にしょうゆを15リットル入れる」といった数字に自然に違和感を感じられるか。

計算にアレルギーをもたず、数を自由にあやつれるようになることによって、「数の正しいスケール感を体験的に身につけておく必要がある」と川島氏はいっています。

「算数力」をつけるにはどうすればいい？

■1日15分、ワクワクの土台をつくる

算数力を伸ばす原動力は「ワクワク感」です。幼いころからやりたいことを我慢させてドリル学習ばかりさせても、**ワクワク感の土台がないと意欲や学力は高学年で頭打ちになる**と川島氏は指摘します。学校の宿題と一緒に、楽しんで思考力を育てられるような問題を1日15分程度続けることで、算数が楽しくなるワクワクの土台をつくれます。

■物事をさまざまな視点からとらえる

算数の思考力は、低学年ほど遊びを通じて身につけることができます。問題集を買ってきてたくさん解かせるよりも、学校の教科書や計算ドリルの問題で、同じ答えになる式を探したり、順番を入れかえて計算の工夫を考えたり、ただ機械的に作業をするのではなく、**想像力をかきたてるような作業をうながす**と、柔軟な発想力が生まれてきます。

想像力をかきたてる問いかけをしてあげる

■身近な数字で「足し算、引き算」をする

　頭の中で歩数を数えたり、街で見かける車のナンバープレートを使ったり、身のまわりにある数字を足したり引いたりして、数字に興味をもてるようになると、算数がおもしろくなってきます。

　子ども向けのナンプレやそろばんを習うのも、頭の中で自由自在に数をあやつれるようになる「暗算力」を育てます。

　そろばんは、数という抽象的な概念を受け入れにくい小さな子どもにとっては、数が珠で実際に見えるという点で、算数を学ぶためのよい足場になります。

METHOD
64

一緒に「計画」を立てる
—— 計画立案で実行機能を伸ばす

　ベネッセ教育総合研究所の「小中学生の学びに関する実態調査（2014）」の結果では、**計画を立てて勉強する人は、そうでない人に比べると成績上位者が多い**ことがわかりました。

　一方、小学4年生で約半分、中学生になっても4割の子どもは計画を立てていないこともわかりました。「放っておいても、いつか一人でできるようになるだろう」というわけにもいかないようです。

■「実行機能」は訓練で伸びる

　計画を立てる力は、行動や思考、感情を制御する、脳の「実行機能」と呼ばれるものの一部です。実行機能は生まれもった能力ではなく、**幼少期から思春期にかけて訓練すれば、どんどん伸びる**といわれています。

　アメリカでは、ハーバード大学子ども発達センターが「**子どもの実行機能を育むのは、社会の最も大切な責任である**」と表明しているほど、実行機能は教育においてとても重要視されています。そして、実行機能を育むには、大人が「足場」をつくってやることが大事だとしています。

　計画を立てる力も、**最初は大人が少し手を貸すことによって伸ばすことができる**のです。

一緒に「計画」を立てるにはどうすればいい?

■ 今日1日の計画からはじめる

　子どもに、朝起きてから学校へ行くまで、そして学校から帰ってきたら寝るまでに何をするか、**前日の夜か当日の朝ごはんの時間に、思いつくことをメモに書き出してもらいます。**

■ 親も自分の計画を立てる

　親も1日のあいだに自分がやるべきことを書き出します。**親が計画を実行していく様子を見せることが、子どもの実行機能を伸ばす**といわれています。

■ 内容は具体的に嚙みくだく

「しゅくだい」や「あそび」ではなく、「**けいさん**」「**かん字**」「**どくしょ**」「**友だちとこうえんへ行く**」など、具体的に書くようにすると、子どもでも計画を実行しやすくなります。

親　子

親	子
☑ 本を30ページ読む	☑ ふとんをたたむ
☑ お風呂を洗う	☐ かん字ドリルをする
☐ ストレッチをする	☐ 友だちとこうえんへ行く

まずは、簡単に思いつくことから始めてみる

■実行できそうな内容にする

　とくに子どもは時間の感覚が発達していません。子どもが計画を立てるとき、**それぞれの行動にどのくらいの時間がかかりそうか**、一緒に考えながら決めていきます。

■ふりかえる時間をとる

　計画を達成できたかどうかについて、ふりかえる時間をとって、**達成できたところは思いきりほめてあげる**と、子どもは達成感を得られます。

　達成できなかったところは原因を確かめ、次の計画を立てるときに生かせば、子どものやる気を引き出せます。

親子で計画をふりかえり、楽しくフィードバックし合う

METHOD
65

書く①
―― 書くことを「好き」になる

まだ脳が発達段階にある子どもにとって、「書くことが脳の働きに重要な影響を与える」という研究が進んでいます。インディアナ大学の脳科学者、カリン・ジェームズ教授は、乱雑であっても**文字を書くことそのものが脳内のネットワークを活性化**し、子どもたちが学ぶうえで役に立つといっています。

また近年、SNSの普及で「いつでも・どこでも・すばやく」メッセージがやりとりされるようになり、日常的にやりとりされる文章がどんどん短くなっています。文章を書くこと自体に苦手意識を感じている子も少なくありません。

だからこそ小さなころから、**文字を書くこと**、**文章を書くことの楽しさ**、**喜び**を知ることが大切です。

書くことを「好き」になるにはどうすればいい?

■ ていねいに書く

自分が書いている言葉や文章に気持ちが向かうよう、字をていねいに書く習慣をつけます。幼児教育専門のフロリダ国際大学のローラ・ダインハード准教授によれば、**文字がうまく書けるようになること**と、**学力アップには相関関係がある**そうです。字がうまいと先生が答案を読みやすいという理由もありますが、字がうまく書けない子は、文字を書くこと自体に意識が

集中してしまい、自分が書く内容に注意が向かないからだといいます。

■何か書けたらまずほめる

　子どもが文章を書いたときに、「こんな文章じゃ何を言ってるのかわからないよ」「もうちょっと何か書いたら？」など、ネガティブな声かけをすると、書くことが苦痛になってしまいます。「**よく書けたね**」「**すごいね**」「**こんな言葉知ってたの**」など、いいところを認めてあげると、「もっと書いてみたい」という意欲が湧いてきます。

■書けないときは聞いてあげる

　宿題で作文が出ても、何を書いていいかわからない——。そんなときは、テーマに関連した質問を大人が投げかけることで、発想を広げてあげます。

・いちばん楽しかった／うれしかった／おもしろかった／**感動した／悔しかった**ことはなに？
・○○のときはどんな気持ちだった？
・どうしてうまくいったと思う？
・なぜ○○のときにがんばれたのかな？
・次はどんなことがやりたい？

　上記のような問いを投げかけて、子どもの答えをメモしてあげると、キーワードが見つかって書きやすくなります。

METHOD
66

書く②
── 「日記」をつける

文章を書く練習をするにあたって、「日記」は子どもにとって毎日の習慣にしやすい方法です。日記を通して「書く」作業は2つの効果をもたらします。

■「語彙」を増やす

文章の中で感情表現をする際、子どもは「うれしかった」「たのしかった」「かなしかった」など、ごくシンプルな言葉を使います。ですが、たとえば子どもが「かなしかった」と表現した場合でも、実際にはそこには**さまざまな種類の感情が含まれています。**

東京大学大学院教育学研究科の遠藤利彦教授によると、そうした表現に対してまわりの大人は、「その悲しい気持ちは『心配だ』ってことだと思うよ」などと、子どもの気持ちをより細やかに言葉にしてあげるとよいそうです。それは**「子どもの気持ちに『ラベル』を貼ってあげるようなイメージ」**だと遠藤教授はいっています。親のそんな助言を聞きながら、子どもは自分の気持ちを表すさまざまな表現を身につけていきます。

■「気持ち」を整える

日記を書くことで、楽しかったこと、うれしかったこと、つ

らかったことなど、自分自身をふりかえり、気持ちを整える力が身につきます。ペンシルベニア大学の心理学者マーティン・セリグマン教授は、「**毎晩寝る前に、よかったことを3つ書く**」ことを1週間継続するだけで、その後半年間にわたって、幸福度が上がるといっています。

「日記」をつけるにはどうすればいい?

■書く時間を決める

　セリグマン教授は上記のように、「毎晩寝る前に書く」ことを勧めています。**親子で一日をふりかえる**ことで、子どもとのコミュニケーションを深めることもできます。

■「3行の日記」を習慣にする

「楽しかったこと」「うれしかったこと」「おもしろかったこと」など、ポジティブな出来事を3つ思い出して書きます。**3行であれば時間もかかりません。**もっと書けそうなときは、それぞれの理由も書きます。書くことによって、脳がよい思い出を追体験することになり、幸福度が高まります。

■言葉選びを手伝う

　子どもの気持ちや様子を表す言葉で、ほかに**ぴったりな表現があるかどうかを一緒に考えて**あげます。といっても、親もすぐにいい表現が見つけられるとは限らないので、『気持ちを表すことば』（光村教育図書）といった本や、ネット上の類語辞典など、語彙を増やすための情報源をうまく活用すると便利です。

ぴったりくる言葉を一緒に見つけてあげる

METHOD
67

書く③
——「文章の型」を知る

　文章を書く力は、受験や就職、そして社会に出てからもプレゼンテーションの作成やスピーチなどに役立つ強力な武器になります。

　ところが、日本とアメリカの小学校で作文指導の比較を行なった名古屋大学の渡辺雅子教授によると、日本の国語の教科書には作文の方法を扱った章はなく、教師へのインタビューでも**「特定の文章の書き方を正式に教えることはない」**との回答だったそうです（『納得の構造』東洋館出版社）。

　親は原稿用紙に向かう子どもに向かって「好きなことを書けばいい」と言いがちですが、**そもそも子どもたちは「どう書くか」を知らない**のです。

　一方、アメリカでは、渡辺教授の調査に協力した教師全員が、**国語を教えるいちばんの目的は「書く技術と能力を高めること」**だと口をそろえて答えたそうです。立命館小学校国語教育アドバイザーで、名進研小学校国語科の顧問も務める岩下修氏は「吸収した言語をいかにアウトプットするか、**その能力が固まるのは8歳前後**」と述べ、「それまでにきちんとした作文指導を受けて構成力や表現力を身につけておけば、その後もスムーズに作文を書くことができる」といっています（『書けない子をゼロにする作文指導の型と技』明治図書出版）。

「作文」を書けるようになるにはどうすればいい?

■型を使う

渡辺教授によると、アメリカではとくに説明文のような文章では、早いうちから明確な三部構造を教えるといいます。

・**「はじめ」の段落**:「まずこの作文で何をいうのか?」をはっきりさせる。
・**「なか」の段落**:「はじめ」の主張を支える理由を3つ挙げる。
・**「まとめ」の段落**:「はじめ」での主張を少し表現を変えてくりかえし、結論とする。

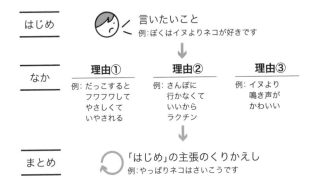

| はじめ | 言いたいこと
例:ぼくはイヌよりネコが好きです |

| なか | **理由①**
例:だっこするとフワフワしてやさしくていやされる | **理由②**
例:さんぽに行かなくていいからラクチン | **理由③**
例:イヌより鳴き声がかわいい |

| まとめ | 「はじめ」の主張のくりかえし
例:やっぱりネコはさいこうです |

小学生への作文指導経験が豊富な岩下氏も、説明や報告、記録、論説を書くときは、「はじめ」→「なか」(2つ書く)→「まとめ」を基本の型にするように教えると、子どもたちは理解しやすいといっています。

「はじめ」には「何について書くか」を書き、「まとめ」には「なか1」と「なか2」を書いて気づいたこと、わかったことを書くように指導しているそうです。

たとえば「学校で好きな場所」をテーマにした場合、以下のような構成で考えることができます。

・「**はじめ**」：わたし（ぼく）の好きな場所を紹介します。
・「**なか1**」：一番好きな場所は……
・「**なか2**」：二番目に好きな場所は……
・「**まとめ**」：どちらも広い場所です／どちらも自分が落ち着ける場所です（「なか1」と「なか2」の共通点からまとめる）。

■「観点」を決める

岩下氏は、「低学年の作文指導は、したことや見たことを『時系列』で書かせる方法が一般的だが、『**観点**』**を決めて書かせたら、1年生でもスラスラ書けた**」と指摘しています。

たとえば、「校内探検」がテーマとすると、「おもしろかった」という観点から2つ選ばせて書かせると、子どもたちにとって書きやすかったそうです。

・「**はじめ**」：がっこうをたんけんしました。
・「**なか1**」：いちばんおもしろかったのは○○です。
・「**なか2**」：つぎにおもしろかったのは××です。
・「**まとめ**」：がっこうたんけんはおもしろかったです。

　渡辺教授の調査でも、日本の子どもの作文は「～して、～して」というように、出来事を起こった順番に書く場合が93%と圧倒的に多かったのに対し、アメリカの子どもたちは3分の1以上が、**最初に全体をまとめる文を書いてから具体的な事例に触れ、ふたたび最後に全体をまとめる**というサンドイッチ型でした。

　こうした作文の「型」を知っておくことは、論理的思考力のベースにもなります。これは将来グローバルな場面でもとても役に立ちます。英語のライティングはもちろん、スピーキングやプレゼンテーションでもこの「型」を応用できます。

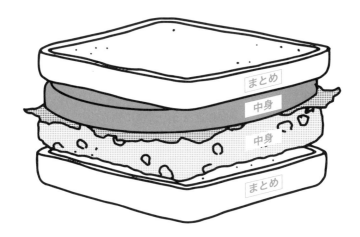

作文は「サンドイッチ」をイメージすると書きやすい

METHOD 68

勉強を「習慣」にする
——無理なく楽しく続ける方法

　2006年にデューク大学の研究チームが発表した論文による**と、日常の行動の45%は「その場の決定」ではなく「習慣」だ**といいます。アメリカの教育改革者、ホーレス・マンは「習慣は太い縄のようなものだ。毎日1本ずつ糸を撚り続けると、やがてそれは断ち切れないほどのものになる」との言葉を残しています。

　また、京都造形芸術大学副学長で、コーチングやアクティブラーニングの第一人者である本間正人氏は、これからは「最終学歴」ではなく、誰もが「最新学習歴」を更新していく社会になる、といっています。

　寿命が延び、一生学び続ける時代の到来。歯磨きや食事、入浴などと同じように、**勉強を毎日の習慣に組み込むことは大きな強みになるでしょう。**

勉強を「習慣」にするにはどうすればいい?

■時間を決めて「スモールステップ」でやる

　たとえば宿題をするとき、「宿題をやる」とざっくり考えると気が重いものです。しかし「音読」「漢字」「計算」などと細かく分けてしまえば、負担感が少なく感じます。

　また、それぞれのステップに**「何時から何時まで」**と細かく

時間を決めると、「何時になったらやる時間だ」と気持ちを準備できるので、手をつけやすくなります。

さらに、実行する「場所」も決めておくと、時間になったらそこに行ってスパッと切り替えて勉強を始めることができます。

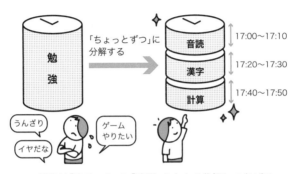

勉強は「やること」と「時間」を小さく分解してあげる

■遊ぶ時間も確保する

やるべき勉強を子どもが手早く終わらせたとき、「じゃあついでにこれもやってみよう」と追加の課題を与えるのはNG。あらかじめお楽しみの時間はしっかりと確保しておき、満喫させます。

フィンランドで行なわれた学力についての調査から、休み時間を与えられた子どもたちのほうが、座っている時間が長い子どもたちより学力が高くなることがわかっています。

アメリカの保健福祉省のレポートからも、体を使った活動によって脳の血流が増加し、酸素が増え、脳の働きに役立つことが明らかになっています。メリハリをつけて勉強したほうが、

子どもの集中力はアップするようです。

■ ゲームにしてしまう

行動分析学者の奥田健次氏は、ごはん前に宿題が終わらなかった子どもに対して「明日はきちんと約束を守るのよ」と言っても、**子どもにとっての「明日」、つまり24時間先は時間的に遠すぎて、効果がない**と指摘します（『世界に1つだけの子育ての教科書』ダイヤモンド社）。

奥田氏は、なかなか宿題を始めない子には、まずはゲームっぽく「お母さんがいまから2階に行って帰ってくるまでに宿題を始められるかな。3分ですぐに帰ってくるからね。あ、まだやったらダメよ。お母さんがこの部屋を出てからスタートね！」などと伝えることが効果的だといっています。

もし子どもが3分後もまだ遊んでいたら、3分という感覚が見積もれていないということなので、**次からは1分、30秒とさらに短くします**。戻ってきた親が、宿題を始めたことを思いきりほめると、子どもは大きな達成感を感じることができると奥田氏はいっています。

■ 親も習慣にする

子どもがやらないことにイライラするより、テレビを消し、食卓を片付け、**親自身が机に向かうほうが手っ取り早いかもし**れません。親が自分から楽しそうに本を読んだり何かを書いたりしている姿を見ると、子どもも自然と自分から机に向かうようになります。

METHOD
69

「プログラミング」を学ぶ
——試行錯誤で頭を鍛える

2020年から小学校でプログラミングが必修化されます。プログラミングは、プログラミング言語という〝言葉〟を使ってコンピュータに指示を出し、人間の思い描いた動きをさせるものです。

誤解されやすいのですが、必修化の目的は、子どもたちにプログラミングのスキルを身につけさせることではありません。「言いたいことを正確に伝えるには、細かく段階を踏んで説明しなければ伝わらない」という**論理的な考え方を、プログラミング言語を使って学ぶことが目的**です。

プログラミングのいちばんの面白さは、自分でルールをつくれることです。

ルールをつくるときには、ふだんは意識していないようなことにも意識を向ける必要があります。たとえばロボットを動かすときは「止まる」という動作もプログラムしないと、ロボットは永遠に止まることができません。

世の中には、こうした「**思考の盲点**」に意識を向けることで、**新しいアイデアが浮かんだり、考えが深まる**ことがたくさんあります。

プログラミングは試行錯誤をくりかえしながら、このような**きめ細かい思考を体験して学べる**機会でもあります。

効果的に「プログラミング」を学ぶにはどうすればいい?

■プログラミングが何を実現しているかを知る

プログラミングは、ふだんはその存在を意識することはほとんどないものの、**いまや日常生活のあらゆる部分に深く関わっています**。

いつも遊んでいるゲームはもちろん、車、家電製品、ロボット、信号、そして音楽やアートまで、さまざまなものにプログラミングが生かされています。

プログラミングを学ぶ前に、**プログラミングが身のまわりのどんなものとつながっているのかを知る**と、技術が身近になり、手ごたえ感をもって学ぶことができます。

■パソコンに慣れる

日本では教育現場のIT普及が遅れているものの、今後は小学校からプログラミングが導入されることもあり、**中学や高校でも、パソコンを使う機会は間違いなく増えます**。いずれ入試や資格試験も、パソコンで受ける形式が主流になるでしょう。

パソコンは「習うより慣れろ」です。「有害なサイトを見てしまうのでは」「ゲームばかりしてしまわないか」といった心配もあると思いますが、フィルタリングを利用する、親のいるところで使わせる、時間を決めるなど、**使える環境はコントロール**できます。

むやみに遠ざけるのではなく、「子どもにとっては学びの道具」と意識を変えたほうがいいかもしれません。

■始めるのは4年生からで十分

　低学年だと集中力がなく、「遊ぶ」感覚が先行してしまうので、落ち着いて論理的思考ができるようになる4年生あたりから始めるとよいでしょう。小学1、2年生だと、**プログラミングの「条件分岐」といった概念がそもそも脳の構造的にまだなじまない**という研究結果もあるようです。

　低学年のあいだはむしろ、運動することで**体の感覚を養ったり、遊びを通じて「実体験」を積んでおく**ほうが、後からプログラミングにもっと興味をもって取り組むことができます。

■親ができる必要はない

　必ずしも親がプログラミングをできる必要はありません。子どもの話を聞いてあげるだけで十分です。

　プログラミングを通じての試行錯誤が、主体性を育みます。むしろ、**親のほうから「教えて」とお願いして、子どもから教えてもらう**ことで、子どものコミュニケーション力や自信を伸ばすきっかけにもなるでしょう。

■手軽に始められる教材は?

　子どもは目に見えてわかりやすいことと、楽しさを優先します。低学年までに始めるなら、「スクラッチ」やロボットがなじみやすく、親子で楽しめます。

・インターネット上で使えるもの
アワー・オブ・コード（Hour of Code）：Code.org が世界的に主

唱するプログラミング教育活動が「アワー・オブ・コード」です。このサイトでは、プログラミング学習のできるさまざまな教材をそろえています。対象年齢は「4歳から104歳まで」とうたっています。https://code.org/learn

スクラッチ：プログラミングでアニメやゲーム、音楽などがつくれるサイトです。https://scratch.mit.edu

・ものを動かす体験ができる手軽なキット

マイクロビット（BBC micro:bit）：片手に収まる大きさのマイクロコンピュータ。ロボットから楽器まで、プログラミングでいろいろなものがつくれます。

スフィロ（Sphero）：プログラミングで動かせるボール型のロボット。まずはスフィロ・ミニ（Sphero Mini）が手軽で遊びやすいようです。

マイクロビット
(BBC micro:bit)

スフィロ・ミニ
(Sphero Mini)

プログラミング体験ができるキットを使ってみる

METHOD
70

くりかえす
── 変化と負荷を上手に加える

　私たちはよく、勉強だけでなく、スポーツや楽器などでも、「何度もくりかえしてコツコツ努力すれば、できるようになるよ」と子どもを励まします。

　世界的ベストセラーとなったマルコム・グラッドウェルの著書『天才！成功する人々の法則』（講談社）では、どんな分野でも約１万時間取り組めば、その分野の一流になれるという**「１万時間の法則」**が有名になりました。

　ところが心理学の研究によると、**ただやみくもにくりかえせばいいわけではない**ことがわかってきました。

　くりかえしによって習得するという学習法には、いくつか注意すべき点があることが明らかになっています。

うまく「くりかえし」を生かすにはどうすればいい？

■単調な反復は効果なし

　問題集を何度もくりかえして勉強したはずなのに、なぜかテストで大失敗……。そんな経験はないでしょうか？

　じつはこれが、単純な反復学習の落とし穴です。**心理学では「流暢性の罠」と呼ばれるものに引っかかった状態です。**

「流暢性」とは、情報を適切にすばやく処理し、アウトプットする能力です。ところがこの「解き方がすぐに思い出せるくら

いやりこんだから大丈夫」との思い込みが、かえって脳を油断させ、記憶したことをすぐに思い出せないという状況に陥らせてしまうのです。

■変化を織りまぜる

アメリカのウィリアムズ大学の心理学者、ネイト・コーネル准教授らの研究では、**反復練習に少し変化を加えた課題を混ぜると学習能力がアップし、記憶が長期的に定着する**ことがわかりました。日々の学習に過去に学習した単元なども混ぜると良いということです。

子どもは問題に応じて解き方を考えなければならなくなるので、一見すると非効率に思えるのですが、トロント大学の心理学者、マイケル・インズリット教授は**「秩序を乱す何か、その場にそぐわない何かを目にすることが、事実上、脳を目覚めさせる」**と指摘しています。

問題にバリエーションを加えた学習法で、それぞれの「違い」を意識しながら理解すると、特徴をはっきりとつかめるようになるほか、本番での思わぬアクシデントにも強くなるそうです。

■少しだけレベルアップさせる

フロリダ州立大学の心理学者、アンダース・エリクソン教授は、あらゆる分野の超一流の人々は、「自分にとって居心地のいい領域（コンフォート・ゾーン）から飛び出し、**少しだけ限界を超える負荷をかけつづけている**」という「限界的練習」理論を唱えています。

世界中の超一流の人々を30年以上にわたって研究してきたエリクソン教授は、「私たちは誰でも、この『限界的練習』をくりかえすことによって、まわりの人から見れば『生まれつきの才能』にしか思えないほどの、**並外れた能力を獲得することができる**」といっています。

もちろん、新しい単元やテクニックを学ぶには、くりかえしの練習によって慣れていくことは欠かせませんが、そこに**変化を混ぜること、少しの負荷を加えてやることが重要**だということです。

コミュニケーション力

思考力

自己肯定感

想像力

学力

体力

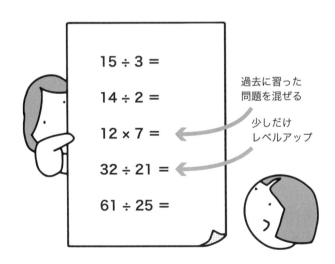

$15 \div 3 =$

$14 \div 2 =$

$12 \times 7 =$ ← 過去に習った問題を混ぜる

$32 \div 21 =$ ← 少しだけレベルアップ

$61 \div 25 =$

単調さを崩すことで、勉強の効果がアップする

「語彙」を増やす
―― いろんな理解をラクにする基本の力

　国立情報学研究所の新井紀子教授らの研究チームが、全国約2万5000人の中高生を対象に読解力の調査をしたところ、その多くが教科書レベルの文章を理解できていないことがわかりました。

　新井教授が考える原因のひとつは、基本的な語彙力の不足です。子どもにとって、**知っている言葉の数が豊富だと、文章を読むときの負担が少なく、内容理解もスムーズになります**。また、教えられたことがしっかりと理解でき、自信を感じられます。さらに語彙力は、コミュニケーション力、表現力、そして創造力へもつながっていく大切な力です。

「語彙」を増やすにはどうしたらいい?

■大人とたくさん会話する

　東北大学の川島隆太教授らの研究によれば、親子でさまざまな内容の会話を多くもっていると、子どもの言語機能に関わる脳の領域が良好に発達することがわかってきました。

　また、ベネッセコーポレーションが2016年に行なった語彙調査では、高校生、大学生、社会人とも、**身近な人と「話す」頻度が高いほど、語彙力が高い**傾向が見られました。

　とくに親、祖父母や親戚、学校の先生といった年齢差のある

人と話す頻度が高いほど、語彙力が高くなっています。

世代を超えた会話は、子ども同士では出合うことのない新しい語彙を増やし、表現力を伸ばします。

■親はすぐに返事をする

子どもの言語獲得に詳しい玉川大学の佐藤久美子名誉教授が、小学校入学直前の年長児約200人を対象に語彙力を調査したところ、**応答のタイミングが早い親の子どもは語彙力が高く、発話量が多くなる**ことがわかりました。

■親は聞き役になる

佐藤氏の調査では、親の話す時間が短いほど、子どもが話す機会が増えることもわかりました。つまり、親が「聞き役」になるということです。子どもの言葉に対して親が長い返事を返してしまうと、子どもは次の一言が出にくくなります。**短い返事をたくさん返せば、子どもはたくさん話すようになります。**

短い返事で、話を引き出すことを意識する

■ゆっくり、はっきり話しかける

小さい子どもは、親の話を聞いて真似をすることで言葉の音を覚えていきます。**子どもが聞き取りやすいように、ゆっくり、はっきり話しかける**ことで、子どもは言葉の獲得がスムーズになります。

■本、新聞、マンガに触れる

語彙を増やすには「書く」ことも効果的ですが（66「書く②」参照）、オランダ・ライデン大学のスザンナ・モル准教授らが、未就学児（3歳〜）から大学院生までの読書量と語彙力の関係について調べたところ、**読書量が多いほど語彙力が高い**ことがわかったといいます。

語彙量がいちばん多いメディアが本や新聞、次に雑誌、マンガです。家族が集まる食卓やリビングに、新聞や雑誌、本を置いておき、目に入る語彙を増やします。

■リビングに辞書を置く

ベネッセの調査によると、高校生、大学生とも「わからない言葉に出合ったら、そのままにせずに調べようとする」と回答した人は、語彙力が高い傾向が見られました。

「○○ってどういう意味？」と聞かれるごとに、**「調べてみようか」**と言って**親子で一緒に**調べることで、辞書を引く習慣をつけます。

いつも手近なところに辞書があれば、調べる習慣が身につきやすくなります。

METHOD
72

「無駄」を削る
—— 勉強を合理化して「余裕」をつくる

学校での一斉授業では、教師は全生徒の理解度をひとりずつ考慮することはできません。そのため生徒はそれぞれ、すでに知っていること、あるいは逆にまったくわからないことを聞いていなければいけない時間があります。

つまり、**学校での授業時間の何割かは、無駄な時間になっているともいえます。**

いま、AI を活用して、こうした無駄な時間をなくし、一人ひとりの理解度・進度に合わせた学習法を実現しようという動きがあります。そのような個別最適化された学習は、「**アダプティブ・ラーニング**」と呼ばれています。

子どもがどこでつまずくかはさまざまです。算数の計算ミスでも、計算の順序が正しく覚えられていないのか、分数の割り算がわかっていないのか、**子どもによって間違うポイントは異なります。**その複雑なプロセスを AI が解析し、一人ひとりの理解度に合った問題を選んでくれるため、弱点に特化した学習で効率的に理解を深めることができるのです。

勉強の「無駄」を削るにはどうすればいい?

■「できないこと」にフォーカスする

時間は有限です。勉強する際は、すでにできることをくりか

えすより、**できないところに集中的に時間を使ったほうが効果的**です。

そうすれば子どもが、21世紀型スキルともいわれる創造力や思考力、コミュニケーション力といった力を育む意味でも、遊びや好きなことに夢中になれたり、ぼんやりと考えにふけったりと、自由な時間を多く使うことができるようになります。

■ 遊び時間は「無駄」ではない

算数教育にくわしいワンダーラボの川島慶代表は、算数の力の土台になる想像力や推理力、空間認識力、それを支える知的好奇心などは、**遊びの体験を通じて身につく**といっています。

親にしてみれば、学年が上がるにしたがって、できるだけ多くのことを勉強してほしいと思ってしまいがちですが、**あえて先に自由に遊べる時間を確保する**ぐらいのほうが、長い目で見れば子どもの成長にプラスになるといえそうです。

■ 「AI教材」を活用する

できることをくりかえさず、できないところを重点的に補強するという効率的な学習は、AIが実現してくれます。

タブレット学習は大半の親にとっては未経験の学び方ですが、子どもたちは**大人の想像以上の速さで操作を覚え、楽しく解き進めていきます**。

勉強嫌いな子どもも、苦手なところを効率よく補強でき、学ぶ楽しさに目覚めるきっかけにもなるようです（40「『習い事』をする③」参照）。

コミュニケーション力

思考力

自己肯定感

想像力

METHOD
73

「英語」を身につける
―― 英語を「遊び道具」にしてしまう

学力

体力

　英語を習得するにあたって、**子どもには大人より優れた力が
あります**。いいかえれば、こうした力は成長とともに失われて
いくものです。児童英語教育と第二言語習得にくわしい上智大
学短期大学部の狩野晶子教授によると、子どもが大人より優れ
ている力は主に次の4つだといいます。

①音声を敏感に聞き取る力

　子どもは音への感受性が豊かです。小さいうちのほうが聞く
力に長けており、動物や虫の鳴き声を真似たり、アニメのキャ
ラクターのモノマネをするのも上手です。

②音のかたまりを丸ごと処理する力

　落語の「じゅげむじゅげむ……」や、ひたすらポケモンのキャ
ラクターの名前を151匹唱え続ける「ポケモン言えるかな？」
の歌など、**子どもは意味がよくわからないものでも音のかたま
りとして覚えてしまいます**。

③くりかえしに耐える力

　いつも同じ絵本を読みたがったり、気に入った動画を何度も
見たり、**子どもは同じことをくりかえしてやりたがります**。

④あいまいさに耐える力

　子どもはすべてを理解できなくても平気です。あいまいな理解でも、相手の表情やまわりの状況から自分なりに文脈や意味を想像しながらやりとりを進めていくことができます。

　この4つの力のうち、児童期にとくに伸ばすべきは、英語を「聞く」力です。小学校のあいだは読み書きをかっちりさせるのではなく、**意味のある英語を楽しくたくさん聞くことで英語の音に慣れさせること**が大事です。英語の歌や絵本のオーディオブックを使うのもいいですし、ユーチューブやネットフリックスにも子ども向けの英語番組があります。Ｅテレにも、副音声で英語を聞ける子ども向け番組があります。

「英語」を身につけるにはどうしたらいい?

■毎日、英語に楽しく触れさせる

　個人差は大きいですが、**2000から4000時間聞くと、ある程度英語で意味が取れる聞き取りの力が育つ**といわれています。ところが学校で週に1回1時間程度、英語に触れても年間で35時間。3500時間聞くには約100年もかかってしまう計算になります。学校や英語教室だけに頼るよりも、毎日少しずつでも、家庭で英語を聞く機会をつくってあげることが効果的です。

　ただ、ここで気をつけたいのは、子どもが楽しんでいることが重要で、**正確に聞き取れているかどうかは気にしないこと**です。子どもが自由に想像したり、類推(るいすい)したり、真似をしたりしながら、英語という言葉で遊ぶ体験をすることが大切です。

毎日少しずつ、楽しめる
英語コンテンツに触れる

■ 正解に導こうとしない

「間違えたらどうしよう」というプレッシャーのある状態だと、英語を使ってみようという気持ちが起こりにくく、上達をさまたげてしまいます。

学校で習ったやりとりが正しく言えるか、きちんと理解できているかにこだわる必要はありません。**むしろ、間違っていても正さないことが大事**です。「言えた！」「通じた！」という成功体験が「もしかして英語できるかも⁉」という自信につながり、英語を話すことへの不安感を下げていくのです。南カリフォルニア大学の言語学者、スティーヴン・クラッシェン名誉教授は**「不安感が低いほど言語の習得は進む」**といっています。

赤ちゃんが母語を覚える過程でも、間違った言いまわしをすることがよくありますが、成長とともに自然と正しくなっていきます。英語を覚えるときもこれと同じです。親はあせらず、期待しすぎず、長い目でおおらかに見守ることが大切です。

コミュニケーション力

思考力

自己肯定感

想像力

学力

体力

■好きなことを英語で掘り下げる

狩野教授は、子どもが野球好きなら野球のポジションやルール、メジャーリーグの選手の名前など、プリンセスやハリー・ポッター好きならお城についてなど、**子どもが興味をもつ世界を英語ではどう表現するのか、一緒に調べてみる**ことを勧めています。ほかにも、魚、虫、恐竜、花など、子どもが好きなことはたくさんあります。

たとえばグーグルで「恐竜 名前 英語」と検索すれば、さまざまな恐竜の英語名や単語カードなどが見つかります。一見、何の役に立つのかわからないような虫の名前やお城の備品の単語も、好きな子どもにとっては最高に興味深い知識です。

好奇心をもって調べた知識は記憶に長くとどまります。そんな知識が、子どもの英語への関心の入り口になります。

■親がコミュニケーションを楽しむ

親ができることで最も手っ取り早くて効果的なのは、コミュニケーションを楽しむ「お手本」になることだと狩野教授はいいます。**たとえ苦手でも、たどたどしくても、コミュニケーションを楽しむ姿勢を見せる**のです。

たとえば道で困っている外国人がいたら、日本語まじりでもいいので「お手伝いしましょうか」と話しかけてみます。言葉が違う相手にもコミュニケーションの意欲を示すことに大きな教育効果があるのだそうです。子どもは**「間違ってもいい、伝わればいいんだ」**と知ることで、「英語を使ってみようかな」という次のステップに進んでいけます。

METHOD
74

子どもに教わる
—— 人に教えると「知識」が頭に入る

コミュニケーション力

思考力

自己肯定感

想像力

学力

体力

「教えることは、二度学ぶことである」というフランスの思想家ジュベールの言葉にあるように、**私たちは人に教えることで、自分の理解不足に気づいたり、あらためて理解を深めたり**します。

人に教えるときには「話す」「書く」という動作をともないますが、これは「読む」「聞く」といった動作にくらべ、脳に記憶を定着しやすくするといわれています。

ワシントン大学の心理脳科学者、ジョン・ネストイコ博士は、**教えるという「心がまえ」があるだけで、学習効率がよくなる**といっています。

彼の実験では、被験者を２つのグループに分け、第１グループには「後で、覚えた情報をテストする」と伝え、第２グループには「後で、覚えたことを別の人に教えてもらう」と伝え、同じ学習をさせました。

実際には、両方のグループが同じテストを受けたのですが、結果は第２グループのほうが良い成績でした。

私たちは**「自分が学んだことを誰かに教えなければならない」**と自覚すると、新しい情報を吸収する能力が高くなります。つまり、子どもも人に教えることを習慣にすれば、学習効率がアップし、知識の定着が期待できるのです。

うまく子どもに教えてもらうにはどうすればいい？

■ 子どもに質問する

　子どもが取り組んでいる問題を一緒に見ながら、「これってどうやって解くの？」と聞いてみます。答えを聞いても、**ちょっとわからないふりをして、さらにくわしく質問してみる**のも効果的です。

　なぜそうなのかが説明できているかどうかに注意しながら、質問を重ねていきます。

わからないふりをして、子どもに教えてもらう

■間違っていても指摘しない

　子どもの説明が間違っていることもあるでしょう。しかしそこで説明をさえぎって、親が教える側にまわっては意味がありません。

　子どもの指示にそのまましたがって、**つまずいたところで「これで合ってるかなぁ？」**などと質問してみます。

　子どもはそこで間違いに気づくと、自分で解決しようとします。できるだけ手を貸さず、自分で考えさせるようにします。『脳が認める勉強法』（ダイヤモンド社）の著者、ベネディクト・キャリーは、「人に教えることによって、**混乱している部分、忘れていたことが、あっというまに明らかになる。これは非常に効果の高い学習だ**」と述べています。

　さらに、カリフォルニア大学ロサンゼルス校の心理学者、ロバート＆エリザベス・ビョーク教授夫妻によると、あやふやになっていたり忘れてしまっている**脳の記憶を掘り起こす作業が大変であるほど学習の力が高まる**そうです。

　人に教える際はあいまいさが許されないので、この意味でも高い学習効果が期待できます。

■感謝を伝える

　子どもに教えてもらった後には「よくわかった。わかりやすく教えてくれてありがとう」と感謝を伝えます。これは子どもにとっては**「親の役に立てた」**という成功体験になります。

　脳は一度この快感を得ると、同じ状況を再現しようとし、子どもは「また教えてあげたい」と思えるようになります。

METHOD
75

時間をあけて「復習」する
―― 覚える科目に最適の方法

ワシントン大学の心理学者、ヘンリー・ローディガー教授は、**一気に詰め込む勉強を習慣にしていると、次の学期に成績がガタ落ちする可能性がある**といいます。

いわゆる「一夜漬け」は、切羽詰まった状況にはそれなりに効き目があるものの、そうして覚えた知識は、長く記憶にとどまってくれません。

覚える量は同じでも、**勉強時間を分散したほうが、知識が脳にとどまる時間がはるかに長くなります**。

では、学んだことをより長く記憶にとどめておくには、どのタイミングでもう一度触れるのが最適なのでしょうか。

2008年、ヨーク大学（カナダ）の心理学者メロディ・ワイズハートは、カリフォルニア大学の心理学者ハロルド・パシュラーとともに、幅広い年齢層の1354人を対象にした大がかりな実験を行ないました。その結果、以下のように**試験までの期間に応じて、復習の間隔を変えたほうがよい**ことがわかりました（『脳が認める勉強法』）。

「復習」はどのタイミングでするのがいい？

■「復習までの間隔」は次第に広げる

仮に試験が1週間後で、それまでに「90分」の時間を使える

とするなら、今日90分勉強するよりも、**今日30分勉強し、2回目は翌日**（もしくは明後日）**に30分、試験前日に30分**、同じことを勉強したほうが、その記憶はしっかりと頭に残ります。

　試験が1か月後の場合、今日勉強して、復習は1週間後にやり、3回目の勉強は試験前日にやるのが最適だということがわかりました。

　また、目先の試験とは関係なく、長く知識を定着させたいのであれば、ポーランドの研究者ピョートル・ウォズニアックの研究が参考になります。

　ウォズニアックは、**今日勉強したなら、1～2日後に復習し、その次は1週間後、その次は1か月後**（その次はさらに先）という形で、次第に間隔をあけて復習することが、記憶を強力に脳に刻むのに効果的だと示しています。

　脳医学の分野でも、東京都医学総合研究所が2018年にアメリカの科学雑誌『セル・リポーツ』に掲載した研究結果で「**間隔をあけて反復学習を行なうと記憶が長い期間、定着する**」という脳内の働きが明らかにされています。

■間隔をあけた学習は「暗記」に効果的

　間隔をあけた学習は、覚えたことを記憶にとどめるための効果的なやり方です。

　多くのことを長く覚えていられると理解力も深まるため、この方法は理系科目でも研究が進められています。ただし、いまのところはっきりしているのは、**語学や用語、知識の暗記に適している**ということのようです。

METHOD
76

ほめる
―― 何をほめるかで大きく変わる

　人はほめられると脳の神経が刺激され、ドーパミンが放出されることで強い幸福感に包まれます。

　また、1960年代、ハーバード大学の教育心理学者、ロバート・ローゼンタール教授は、教師が**「君ならやればできるよ」と言うと実際に学習者の成績が伸びる**ことを実験で明らかにし、これを「ピグマリオン効果」と名づけました。

■「ほめ方」しだいで効果が変わる

　一方で、慶應義塾大学の教育経済学者、中室牧子教授は、アメリカの大学で近年行なわれたいくつかの研究結果をもとに、**「むやみに子どもをほめると、実力の伴わないナルシストを育てることになりかねない」**といっています（『「学力」の経済学』ディスカヴァー・トゥエンティワン）。

　ただし、ほめることに効果がないわけではなく、大事なのはその「ほめ方」だといいます。

効果的に「ほめる」にはどうすればいい？

■すぐにほめる

　行動主義心理学の学習へのアプローチで「即時確認の原理」という考え方があります。**ほめるにしても注意するにしても「即**

時」が大事だということです。やったことがすぐに認められるとうれしいのは、意識がいま、そこにあるからです。

■能力より、努力をほめる

コロンビア大学の心理学者、クラウディア・ミューラー教授とキャロル・ドゥエック教授は、「ほめ方」に関して、小学5年生400人を対象に実験を行いました。

それによると、テストの結果がよかったときに「あなたは頭がいいのね」と言われたグループはその後の成績が下がり、「あなたはよくがんばったわね」と言われたグループは成績を伸ばす傾向がありました。

また、「努力」より「能力」をほめられた子は、難題に直面したときにすぐにあきらめる傾向があり、成績へのプレッシャーから自分の成績に関してウソをつく傾向も高いことがわかりました。

一方、努力をほめられた子は、悪い成績をとっても自分の能力のせいではなく「努力が足りないからだ」と思い、難題に挑戦し続けるということもわかりました。

■過去と現在をくらべる

東大合格者数日本一の開成中学・高校の柳沢幸雄前校長は、「子どもの成長を過去と現在で比較すれば、いくらでもほめるポイントが見つかる」といい、これを「垂直比較」と呼んでいます。自己肯定感を高めるためにも、その子自身の成長を垂直比較することが大切だといっています。

METHOD
77

「フィードバック」する
―― ポジティブに課題を伝える

子どもの勉強やお手伝いなどをほめることは、「やればできる」という気持ちを育むためにはとても大切です。

ですが、現実にはほめてばかりというわけにはいかず、改善してほしいこともあれこれと出てきます。

ではどうやったら改善すべき点を効果的に伝えることができるのでしょう。カギとなるのは「フィードバック」です。フィードバックとは、どんな行動をしてどんな結果がもたらされたのかを具体的に伝え、ふりかえってもらうアドバイスです。

うまく「フィードバック」するにはどうすればいい?

■「ほめる→要改善点→ほめる」のサンドイッチにする

フィードバックの手法で、PNP（ポジティブ・ネガティブ・ポジティブ）法というものがあります。これは、**ポジティブなフィードバックのあいだにネガティブなフィードバックをはさむ**ので、サンドイッチ法ともいわれています。

最初は**「ほめること」**から始めます。具体的にどこがよかったかをほめます。その次に、**「改善できそうなこと」**を伝えます。ここがとても大切な部分です。そしてふたたび、最初に挙げた**「ほめポイント」**をくりかえす、場合によってはそこに新しいほめポイントを加えて、気持ちよく締めくくります。

「ほめ言葉」で挟んで、改善点を伝える

■「How」と「What」を明確にする

いうまでもなく、このフィードバックで大切なのは、サンドイッチの「具」の部分。つまり「子どもがこれから改善できそうなこと」です。**ポイントは、どんな方法で（How）、何をすればいいか（What）を具体的にわからせてあげること。**

一方的に押しつけるのではなく、問いかけながら、子どもが自分なりの結論を導き出せるまでつきあいます。

■「でも」より「だから」を使う

フィードバックは、子どもの成長のチャンスです。**まわりの言葉の使い方ひとつで子どもの行動は変わります。**

フィードバックをする際、「でも」「だけど」といった逆接の接続詞を使うと、子どものやる気をくじいてしまいます。

フィードバックをするときは、意識的に「だから」や「……ならどうかな」といった表現を使うようにすると、子どもは前

向きに受け止めることができ、モチベーションが高まります。

■フォローも忘れずに

　フィードバックしっぱなしではなく、**少しでも改善が見られ
ればすぐにほめる**ようにします。

肯定表現で
フィードバック
をする

METHOD
78

「優先順位」をつける
—— やることリストで行動を整理する

　私たちはつい、やりたいことを優先し、やるべきことを後回しにしてしまいます。子どもならなおのこと「やりたいことが最優先！」に決まっています。そもそも子どもは「優先順位」とは何かさえわかっていません。

　そこで、鳥取大学の応用行動分析学者である井上雅彦教授は、**毎日やることを「ふせん」を使って整理し、見える化すること**で、優先順位がつけやすくなるとアドバイスしています。

「優先順位」をつけるにはどうすればいい?

■時間帯ごとに区切る

　まず、時間帯を「朝・昼・夜」に区切って考えます。それぞれの時間帯に子ども自身がやりたいこと、やったほうがいいと思っていることをすべてふせんに書き出していきます。

■「必ずやること」と「やりたいこと」に分ける

　1つのふせんには1つの行動を書きます。洗顔、歯みがき、食事、入浴、宿題、計算、漢字ドリルなど、**「毎日必ずやること」**と、友だちと遊ぶ、ゲームをする、本を読む、テレビを見るなど、**「時間があればやりたいこと」**を色で分けます（例：必ずやることはピンク色、やりたいことは緑色、など）。

■「必ずやること」ばかりで埋めない

　学年が上がるにつれ、習い事が増えて帰宅時間が遅くなり、さらに家でもいろいろなことをやらせようとすると、子どもが「やりたいこと」をする時間がなくなってしまいます。

　スタンフォード大学教育学大学院の上級講師で若者の成功や動機付けが専門のデニス・ポープは、**「幼い子どもは、毎日放課後の決まった時間に『遊びの時間』が１時間必要だ」**と語っています。遊びが脳を活性化し、子どもの創造力や共感力も高めることはすでに実証されています。あれもこれもやらせようとする前に、優先的に自由な時間を確保することが大切です。

■マグネットシートを使って達成感を

　毎日のリズムが整ってきたら、ふせんではなく、両面が磁石になっているマグネットシートで、**子どもと一緒に「やることリスト」をつくってみます。**

　100円ショップでは、カラフルなマグネットシートが売られています。マグネットシートもふせんと同じように「必ずやること」と「やりたいこと」を色で分け、ふせんの内容をそのまま書き込みます。

　マグネットシートは裏も使えるので、裏には「やったね！」「できた！」といった言葉やニコニコマークなどを描いておき、**１つ終わるたびにひっくり返す**ようにすると達成感を覚えやすくなります。

　こうした子ども向けの「やることリスト」は、多くの親御さんが工夫を凝らして実践されているようで、インターネットで

「子ども　計画ボード」などと検索すると、たくさんのアイデアが公開されていて参考になります。

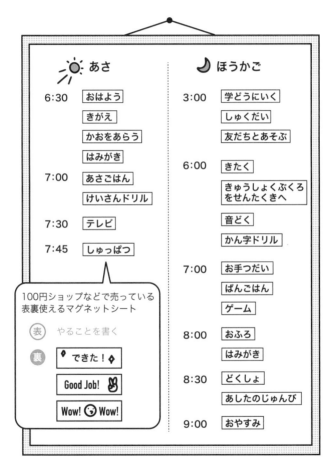

あさ

6:30　おはよう
　　　きがえ
　　　かおをあらう
　　　はみがき
7:00　あさごはん
　　　けいさんドリル
7:30　テレビ
7:45　しゅっぱつ

ほうかご

3:00　学どうにいく
　　　しゅくだい
　　　友だちとあそぶ
6:00　きたく
　　　きゅうしょくぶくろ
　　　をせんたくきへ
　　　音どく
　　　かん字ドリル
7:00　お手つだい
　　　ばんごはん
　　　ゲーム
8:00　おふろ
　　　はみがき
8:30　どくしょ
　　　あしたのじゅんび
9:00　おやすみ

100円ショップなどで売っている
表裏使えるマグネットシート

表　やることを書く

裏　◆ できた！◆

　　Good Job!

　　Wow! Wow!

「やること」を１つやるごとに、
マグネットシートをひっくり返して達成感を！

METHOD
79

「音読」する
—— 間違ってもいいから「楽しく」読む

　本を読むとき音読をすると、脳内で「読む」「話す」「聞く」という作業を同時に行なうことになるため、とくに、前頭葉という部分が刺激を受けます。

　前頭葉は、記憶、意欲、自制心をコントロールするところです。つまり、**音読によって前頭葉を刺激すると、記憶力、集中力、注意力などが鍛えられます。**

　また、音読をすると、脳内に「幸せホルモン」と呼ばれるセロトニンが多く分泌されるようになり、精神が安定するともいわれています。

音読

目で読む（インプット）
声に出す（アウトプット）
耳で聞く（インプット）

覚えやすく、忘れにくい

音読は「インプット×アウトプット」で、脳にいい刺激を与えられる

うまく「音読」をするにはどうすればいい?

■ 手を止めて聞いてあげる

子どもが音読をするときは「ながら聞き」はNG。親は手を止めて聞いてあげます。

■ すぐにほめる

読み終わったらすぐに「ちゃんと読めたね」「えらいね」とほめます。脳科学者の川島隆太教授によると、**親がすぐにほめると、それだけで子どもの脳は活性化し、やる気がアップする**といいます。

■「勉強前」が効果的

すぐにほめることで脳が活性化し、やる気もアップするため、音読は勉強前のウォーミングアップに最適です。川島教授の研究によれば、**音読をすると「記憶」の容量が2〜3割ほど増える**そうです。

とくに子どもの場合は脳の器が大きくなり、記憶力だけでなく、創造力や論理的な思考力、自制心なども伸びていくと川島教授はいっています。

■ 間違えてもその場で訂正しない

30年にわたり、小学生〜高校生の作文指導に携わっている「言葉の森」の代表、中根克明氏によると、子どもが低学年のうちは、**言葉の読み方や区切り方を間違えたとしても、その場で**

訂正せずに最後まで聞いてあげるべきだといいます。

　もし、つっかえてしまったところで音読を中断させて間違いを指摘すると、子どもはその後緊張して読むようになります。これでは子どもが「読むことが苦痛になり長続きしなくなる」と中根氏は指摘します。

　中根氏によると、子どもが間違ったところを指摘する代わりに、**子どもが読んだ後に親が同じところを音読し、子どもに聞いてもらう**とよいそうです。親も最後まで楽しく、そして正しく読めていれば、自然と子どもも間違いを正すようになるといいます。

　少々間違えたくらいで文章全体の意味が大きくくずれることはないので、**「まずはほめてあげること」「なによりも子どもが楽しく取り組めること」**が最優先だと中根氏はアドバイスしています。

■ くりかえし、スピードを上げる

　川島教授によると、読むスピードを上げることで頭の回転速度が上がるそうです。

　脳に負荷をかけると前頭葉がますます活性化し、文章を理解するスピードがアップします。

　目から文字情報を入れて、声に出して読む、つまりインプットとアウトプットをすばやくくりかえすことで、**目で読んだ記憶と声に出して読んだ記憶がつながりやすく、記憶力も高まっていきます。**

METHOD
80

「ごほうび」をあげる
――モチベーションを上げる報酬

　ごほうびに関しては、いまも見解が分かれています。ロチェスター大学の心理学者、エドワード・デシ教授は、大学生の２つのグループに実験を行ないました。この実験では、ひとつのグループにはパズルが解けるたびに報酬を約束し、もうひとつのグループにはなにも約束しませんでした。

　どちらのグループも、もともとはパズルを楽しんでいたのですが、この条件を聞いてからは、報酬を約束されたグループは、**報酬がないときにはパズルにあまり触れなくなってしまいました**。「ごほうび」を与えることで、脳がパズルを「ごほうびがもらえる労役」と認識して、モチベーションが下がってしまったのです。

　また、ハーバード大学の経済学者、ローランド・フライヤー教授は、「テストでいい点を取ればごほうびをあげる」という場合と、「本を１冊読むたびにごほうびをあげる」といった場合、どちらが子どもの学力が上がるか、大規模な実験を行いました。

　その結果、**成績がよくなったのは、本を読んだらごほうびをもらえると言われた子どもたちでした**。

　ほめるときと同様、ごほうびは、パズルが解けるとかテストでいい点を取るといった「結果」ではなく、本を読むなどの**「努力」に対して与えれば効果がある**、といえそうです。

うまく「ごほうび」をあげるにはどうすればいい?

■結果ではなく努力にあげる

たとえば「音読が3回終わったら」「縄跳びの練習を15分がんばったら」といった**努力に対してごほうびをあげます**。

逆に、「100点取ったら」「塾のクラスがアップしたら」「ピアノを間違えずに弾けたら」といった結果はごほうびの対象にはしません。

■あげる理由を明確にする

結果へのごほうびだと、その結果が出ないかぎりなかなかもらえません。でも、努力へのごほうびは、やるべきことをちゃんとやれば確実にもらえます。先々の結果ではなく、**いまこの努力をしたらごほうびをあげると明確**にすることで、道筋がわかりやすくなり、やる気がアップしてがんばれます。

■トロフィーや賞状をあげる

シカゴ大学の社会経済学者、スティーヴン・D・レヴィット教授らが行なった実験からは、子どもが小さいうちは、ごほうびはお金よりも、**メダルやトロフィーのようなもののほうがやる気を刺激する**ことがわかりました。

メダルやトロフィーは100円ショップでも手に入りますし、インターネット上には賞状を無料で作成できるテンプレートもあります。ネットや文具店で売っている「ごほうびシール」にもさまざまな種類があり、子どもは喜びます。

毎日がんばった賞です！

やったー！

トロフィーや賞状は大きな達成感を与える

■「お金」をあげるときは注意

ハーバード大学のフライヤー教授の調査では、ごほうびにお金をもらった子どもたちは、お金を無駄遣いせず、きちんと貯蓄をするなど、堅実なお金の使い方をしていました。

教育経済学者の中室牧子教授は、この結果は、ごほうびと一緒に貯蓄用の銀行口座をつくったり、家計簿をつけさせるなどの**「金融教育」が同時に行なわれていた**ことが一因ではないかと見ています。

お金に関する正しい知識を与えれば、ごほうびにお金をあげることも悪くはなさそうです。

METHOD
81

「やる気」をつくる
──「自分からやる」意欲を引き出す

　どうやったら自分からすすんで勉強するようになるのか。**や**
る気にさせるにはどうすればいいのでしょうか。心理学では、
人をやる気にさせることを「動機付け」といいます。

　動機付けはアメとムチ（ごほうびと罰）のように自分以外から
影響を受ける「外発的」なものと、自分自身の中にある関心や
興味、意欲による「内発的」なものに分けられます。

　外発的な動機付けは親がコントロールしやすく、すぐに効果
が出ますが、長くは続きません。

　たとえば子どもが「悪い成績をとると怒られる」という理由
で勉強すると、怒られるのを避けることが目的になってしまい、
自発的に勉強しようとする意欲が低くなってしまうからです。

　効果が出るまでに時間はかかるものの、やる気を継続させる
には、「内発的な動機付け」が必要といえます。

「やる気」をつくるにはどうすればいい？

■「成功体験」を与える

　ロチェスター大学のエドワード・デシ教授は、「**自分はやれば**
できるという有能感があるとやる気が高まり、自分は何をやっ
てもできないのだと思うほど、やる気が下がる」と指摘してい
ます。

ベネッセ教育総合研究所「小中学生の学びに関する実態調査報告書」(2014) の調査でも、**自分はできるという気持ちが強い子どもほど内発的動機付けで学習に取り組み、成績もよい傾向**にあることがわかっています。

　では、自分はできるという気持ちが弱いために子どもにやる気が出ない場合はどうすればよいでしょうか。

　法政大学の発達心理学者、渡辺弥生教授は、**「成功体験」を与えることが重要**だといっています。そのためには、「子どもが成功することができるよう、がんばれば必ず到達できるような目標や狙いを具体的に設定してやり、到達すれば『やったね』と達成感を与え、また次に成功できそうな目標を立ててやるといった、『スモールステップ』を設定するやり方が効果がある」といいます。

　達成感を得やすくすると、段階的に自信がつき、学習意欲につながります。

■自分で選ばせる

　やることを自分の意思で自由に選択することができれば、内発的動機付けが高まります。

　デシ教授による実験では、ひとつのグループには「どのパズルを解くか、そのパズルにどのくらいの時間をかけるか」を自分で選択させ、もうひとつのグループには、最初のグループが選んだのと同じパズルを渡し、同じ時間内に解くように伝えました。

　すると、選択の機会を与えられた前者のグループは、後者の

コミュニケーション力

思考力

自己肯定感

想像力

学力

体力

グループにくらべて意欲が高くなりました。何をいつ、どこで、どの順番でやるかなど、自分で自由に選択できることが、やる気をアップさせるのです。

■頼り、ほめ、励ます

　また、デシ教授は、最初は外発的動機から始めたことでも、のちに内発的動機が大きくなってくることがあるといいます。

　最初は好きで始めたわけではなくても、**まわりの誰かに頼りにされたり、ほめられたり、失敗しても温かく見守られていたりという経験**をすると、楽しい、もっと知りたいという興味や関心に変化していくというのです。

　とりわけまだ意欲が低い段階だと「一緒にがんばれる存在」がモチベーションをアップさせます。

　学習に対して消極的な子には、大人がそばで励ましながら勉強を見てあげたり、年下の弟や妹など、ほかの子に教えさせたりすることが意欲を引き出すきっかけになります。

■好きなことを主体的に学ぶ

　オックスフォード大学の心理学者であり、教育学者だったジェローム・ブルーナー教授は、**好きなことを学ぶときに感じる楽しさや好奇心は、内発的動機付けの重要な源**だといっています。

　好奇心を生かすには、子どもの好きなことを深掘りさせて、「知りたい」という気持ちを刺激し、親子で一緒に楽しむことです。主体的に取り組む姿勢が、学ぶ意欲を引き出します。

好きなことがあったら、さまざまな材料や体験を与えて、
学ぶ意欲を引き出してあげる

METHOD
82

「サポート」する
―― 過干渉にならない支え方

ハーバード大学子ども発達センターでは、子どもにとって、周囲の大人の適切なサポートは、**記憶力や集中力、自制心などをつかさどる脳の機能の発達にとても重要**だとしています。

ただし最近では、不必要なまでに親が手を貸してしまう「過干渉」が問題になっています。

過干渉な子育てでは、子どもが困ったり失敗したりしないよう、親が先回りして障害物をすべて取り除こうとします。親が子どものまわりをいつもブンブンと巡回しているので「**ヘリコプターペアレント**」、あるいは「**カーリング育児**」などとも表現されます。

アメリカでは、ヘリコプターペアレントに育てられた大学生に、高いレベルでうつ病の発症が見られるという調査結果もあります。

京都大学の心理学者、河合隼雄名誉教授は「昔の親はお金がなく、子どもに最低限の衣食住ですら十分なことができなかったため、何をしてやろうかと考えた。**けれどいまの親の愛情は『何をしないか』を考えなければならない**」という言葉を残しています（『私が語り伝えたかったこと』河出文庫）。

少子化が進むなかにあって、そのさじ加減は難しいところです。

うまく「サポート」するにはどうすればいい?

■3分類で片づける

脳は散らかった机を前にしているだけでも、注意が奪われ、余計に疲れてしまいます。子どもが片づけが苦手なようなら、親が一緒に手伝ってあげます。

近藤麻理恵氏に師事した片づけコンサルタントの安藤 貢 氏は、**モノを分類するときは「3分類」までにしておくと、子どもでも簡単に仕分けられる**といいます。どのように分類するかは親子で相談して決めます。長く使わないものは思い切って捨てるか、衣装ケースなどにまとめてしまいます。

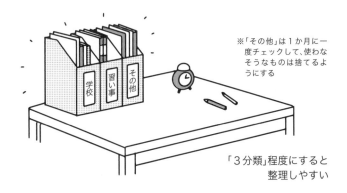

※「その他」は1か月に一度チェックして、使わなそうなものは捨てるようにする

「3分類」程度にすると整理しやすい

■ルーティンワークを決めておく

子どもは予定を立てるのが苦手です。やらなければいけない宿題や家庭学習については、毎日のルーティンワークとし、何をいつやるかを親子であらかじめ決めておきます。

■どうやるかは子どもに選ばせる

　ただし、一から十までお膳立てをしてしまうと、子どもは自分で何をすべきか、何をやりたいかが決められなくなってしまいます。

　何をやりたいか、どっちを先にやりたいかなど、意思決定は子どもにまかせます。子どもがすぐに決められなくても、自分で決めるまで待ちます。子どもの決定を尊重し、大人の都合を優先しないように気をつけます。

■邪魔をしない。手を貸さない

　運動でも勉強でも、子どもが途中で手こずったり、気を抜いてぼーっとしていたとしても、見守るのが基本です。

　もちろん、命に関わるようなケガをしそうだったり、誰かを傷つけてしまいそうなときは手を貸さなければいけませんが、大人の都合で子どもの邪魔をしたり、**過剰に手を貸して、子どもの達成感まで奪ってしまうのは本末転倒**です。

■勇気づける

　子どもにとっては「ここは助けてほしい」と思う場面があるでしょう。とはいえ、親がすぐに手伝ってあげていては、子どもは安易に大人を頼るようになってしまいます。

　心理学者のアドラーは、親のサポートとは、子ども自身が自分の課題を自分の力で解決しなくてはいけないと思えるよう、**子どもに「どうしたらいいと思う？」と問いながら勇気づけていくことだ**といっています。

METHOD
83

一緒に「学校」を決める
—— 実績だけで選ばない

2020年から改訂される学習指導要領では、これまでの知識や技能の習得を目的とした教育だけでなく、対話を通じて主体的に学ぶ「アクティブ・ラーニング」が取り入れられます。

英語は小学校から教科になり、「読む・書く・聞く・話す」の4技能を活用し、表現力を身につけることが重視されるようになります。

こうした改革の流れを受けて、公立・私立を問わず、既存の学校がカリキュラムを大きく変えたり、通信制、全寮制やインターナショナルスクールなど学校の多様化も進んでいます。

数々の選択肢から学校を選ぶには「学校に何を求めるのか」というブレない軸が必要になってきます。とくに中学・高校時代は人格が形成される時期であり、その大半の時間を過ごす学校をどう選ぶかは、子どもの成長に大きな影響を与えます。

どうやって「学校」を選べばいい?

■地元の公立か、中学受験をするか決める

地元の公立に進むメリットは、お金がかからず、家から近いこと、小学校から一緒の友だちが多くて安心なこと、**小学校時代にたっぷりと遊べること**などが挙げられます。

一方、中学受験を選ぶと、幼い子どもに塾で勉強させるなど

ハードな時間を過ごさせることになります。また、経済的な負担も大きいです。塾代もかかるうえ、私立の場合は学費も安くはありません。それでも**中高一貫校に入ってしまえば高校受験がないため、時間的にも精神的にも余裕ができる**というメリットはあります。部活や行事、課外活動などやりたいことに思い切り打ち込み、のびのびした6年間が過ごせます。

■中学受験のために「塾」を選ぶ

中学受験をする場合には、小学3年生の2月から入塾するのが一般的です。

大手塾は教材、カリキュラムとも洗練されている点で安心です。ただし、教材の整理やスケジュール管理など、親のサポートが必要な塾もあり、塾を決める際には**実績やレベルだけでなく、家庭の状況と合うかどうかの見極めも重要**です。

個人経営の塾や個別指導は玉石混淆（ぎょくせきこんこう）ですが、子どもにとって相性のよい先生と出会えれば、大手にはない手厚い指導が受けられます。

■学校に求める「軸」を決める

最初から条件を限定しすぎず、**いろんな学校へ足を運んでおくと、学校を選ぶ目が養われます。**

中学受験に詳しい教育ジャーナリストのおおたとしまさ氏は、「学校を選ぶ際のコツ」を4つ挙げています。この4つの観点から学校選びの軸を決めれば、気に入る学校が見つけやすくなるでしょう。

先入観にとらわれず、親子でさまざまな学校に足を運んでみる

①男女別学か共学か

　別学は異性を気にせず、のびのびと過ごせるというよさがありますし、共学は個性がより幅広く、多様な環境に身を置けるというよさがあり、それぞれに魅力があります。

②学校の歴史や設立の背景

　ここは保護者からあまり重視されないところですが、おおた氏は、じつはこれも子どもに大きく影響するといいます。実際

にはそれぞれに個性をもつ生徒たちが、**共通の「らしさ」のようなものを身にまとって卒業していくことになる**からです。

この「らしさ」を見極めるには、校長に注目するとよいそうです。校長の立ち居振る舞いそのものが、建学の精神にうたわれている人物像を反映しているといいます。

③自由と規律のバランス

これを確認するには、文化祭でどのくらい生徒たちに自由が与えられているかが目安になるとおおた氏はいいます。

また、学校見学で**校長、先生、生徒とのあいだで気さくに会話ができているか**を見るのも、自由と規律のバランスを見るポイントだそうです。

④進学実績を前面にアピールしているかどうか

進学実績を前面にアピールしている学校は、受験対策に重点を置いたカリキュラムになっていることが多く、優れた進学実績があってもアピールしていない学校では、幅広い一般教養や思考力を育むカリキュラムになっている場合が多いようです。

■「なにがなんでも第一志望」と考えない

子どもの受験で気をつけたいのは「第一志望に受からなければ負け」という発想に陥らないことです。

ふだんから「どこも**魅力的だから全部合格したら困るね**」というくらいの意識で、子どもがどの学校に決まっても喜んで進学できるよう導いてあげることが大切です。

METHOD
84

「自分のスペース」をもつ
―― ポテンシャルを伸ばす環境とは？

コミュニケーション力

思考力

自己肯定感

想像力

学力

体力

　慶應義塾大学発のベンチャー企業で住宅の総合コンサルティングを行なってきた四十万　靖氏は、有名私立中学校に合格した約200世帯の住環境を取材し、「頭のよい子」はどんな家で育っているのかを調査しました。

　この調査に四十万氏とともに関わった、建築家で東洋大学情報連携学部教授の渡邊朗子氏は「『頭のよい子』とは、たんに『勉強ができる子』ではなく、**好奇心が強く、物事をよく観察し、考え、問題があれば果敢にチャレンジする、感性と創造力に優れた子**をイメージしている」といっています（『頭のよい子が育つ家』文春文庫）。

　調査結果をひもとくと、子どもが学ぶのに向いた家にはいくつか共通点があるようです。

「自分のスペース」はどうつくっていけばいい？

■気の向く場所で勉強する

　渡邊教授は「子どもにとって、生活の『基地』は決して子ども部屋ではなく、家全体だ」といい、「頭のよい子が育つ家」に共通する要素として、「ノマド」を挙げています。

　ノマドとは遊牧民のことです。「頭のよい子」たちは、遊牧民のように家の中で勉強する場所を変え、**必ずしも子ども部屋**

に閉じこもって勉強してはいません。

　家族の気配を感じられる空間であれば、安心して勉強できるようです。

■子ども部屋を風通しのよい場所にする

　子どもにとって、**ひとりになれる個別の空間は精神的な安心感につながり、成長の過程に欠かせないものです。**

　ですが、子ども部屋を勉強、遊び、睡眠など、すべての営みができる豪華な空間にする必要はなく、むしろ「小さくても家族とつながりの感じられる、**風通しのよい場所であるべきだ**」と渡邊教授はいっています。

　そのためには、たとえば子ども部屋のドアを開けっ放しにする、ドアを外してカーテンで仕切るなど、個室でも親子がお互いの気配を感じられるための工夫を取り入れるようにします。

子ども部屋は、
ドアを開けっぱなしにするなど、
孤立しないようにする

■段階を踏んで移行する

　早稲田大学のこども環境学者、佐藤将之准教授は、子どもが「自分の部屋がほしい」と言い出したら、たとえば最初は自室では寝るだけにして、勉強をするのはリビングのままにするなど、段階を踏んで移行を進めるのがスムーズだといっています。

■子ども部屋へはリビング経由で

　建築家の横山彰人(あきと)氏は、玄関から直接出入りでき、親子が顔を合わせない場所に子ども部屋をつくると、**子どもが家族から孤立し、非行などにつながりかねない**と忠告しています。

　親の知らないあいだに友だちが自由に出入りしたり、子どもが勝手に出かけたりしないよう、**子ども部屋はリビング経由で出入りする場所に置ける**と理想的です。

■自然と触れ合う

　人は、家も含めた外部環境から多くの影響を受けます。「ヨーロッパでは『子どもの自然欠乏症候群』という言葉があり、石ころ、水たまり、虫が這(は)っている、草が生えている……**そういう世界に子どもを十分浸(ひた)してあげないと、知覚がまともに育ってこない**」と東京大学医学部の解剖学者、養老孟司名誉教授はいっています。

　自然の中で五感を働かせる経験を積み重ねないと、脳の成長バランスがくずれてしまいます。自然の少ない都会に暮らしているなら、週末や休日には、**自然と触れ合える環境に身を置かせてあげる**ことも、子どもの成長にとっては大切です。

METHOD
85

「早寝早起き」をする
―― 脳のために十分な睡眠をとる

　カリフォルニア大学バークレー校の脳科学者、マシュー・ウォーカー教授によると、**学習の後に十分な睡眠をとると**、睡眠をとらなかった場合に比べて記憶の定着がよいことがわかりました。ハーバード大学医学部の研究によれば、**学習した後の最初の30時間が重要**で、この期間の睡眠が足りないと、30時間よりも後にひと晩ぐっすり眠ったとしても効果がなくなってしまうそうです。

　こうした睡眠と学習に関するさまざまな研究から、睡眠は前日に勉強したことやテクニックをより深く記憶にとどめさせるだけでなく、理解を深めることもわかっています。

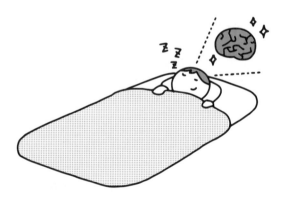

学習後の30時間のうちにしっかり眠ること

脳は寝ているあいだも、起きているときに行なうさまざまな情報処理や、起きているときの処理を補完するようなことまで行なっています。

「寝る間を惜しんで勉強する」という表現がありますが、最新の研究によれば正しいとはいえません。

また、文部科学省によると、早寝早起きをしている朝型の人と、遅寝遅起きをしている夜型の人の勉強やスポーツの成績を比較したところ、**いずれの成績も朝型の人のほうが夜型の人よりもよい傾向にあった**という研究報告があります。

アメリカでも高校生の学業成績で同じような結果が出ており、早寝早起きでしっかりと睡眠をとることが、学習の定着にはとても重要だといえそうです。

「早寝早起き」をするにはどうすればいい?

■小学生は21時には寝る

小児科医でもある文教大学教育学部の成田奈緒子教授によると、**小学生ならできれば21時には就寝したほうがよい**ということです。

成長ホルモンを効率的に働かせるためには、22時には「熟睡」しているのがベストだからです。

塾やスポーツなどの習い事があって帰宅が遅くなる場合には、習い事の前におにぎりなどを食べさせてしまうとよいでしょう。帰宅後は軽めの食事で済ませて、寝るのが遅くなりすぎないように気をつけます(87「バランスよく『栄養』をとる」参照)。

■15時以降の昼寝は避ける

15時以降に昼寝をしてしまうと、夜遅くまで寝つけなくなることがあります。寝る時間が遅くならないように、**昼寝をするなら15時より前に、30分から1時間程度**にとどめておきます。

■寝る1時間前はブルーライトを避ける

スマホやゲームの液晶画面から出ている**ブルーライトは、睡眠ホルモン「メラトニン」の大敵**です。また、部屋の照明に使われる白色LED照明機器にも、ブルーライトが多く含まれています。

江戸川大学睡眠研究所の福田一彦教授は**「子どもの眼は水晶体が澄んでいて瞳孔も大きいため、ブルーライトの影響を受けやすい」**といいます。

スムーズに眠りにつくためには、少なくとも寝る1時間前からはブルーライトに触れないように気をつけ、部屋の照明も明るくしすぎないよう工夫します。

■朝に「子どもの仕事」をつくる

子どもの寝つきが悪く、朝なかなか起きられないときには、「洗濯物を干す」「朝ごはんのおはしやコップを並べる」「ペットの餌を準備する」など、**朝早く起きてやる家事を子どもにもまかせます**。

朝早く起きるリズムができると、夜は自然と早く眠りにつけるようになります。

METHOD
86

「集中力」をつける
—— 集中できるのはせいぜい15分

　カリフォルニア大学アーバイン校の情報科学者、グロリア・マーク教授によれば、人が集中した状態で知的な活動を行なっている際、**邪魔が入ると、ふたたび集中した状態に戻るまでに「23分」**もかかるそうです。

　また、アメリカのブルッキングス研究所は、頻繁に邪魔が入ると、子どもの脳の実行機能が阻害されることを明らかにしています。

　子どもたちのまわりは、楽しい刺激に満ちあふれています。そのため、頭の中は雑念に占拠されやすくなっています。

　現代は、子どもたちの脳がひとつのことに集中しにくい環境であり、効率的な学習や脳の発達には決してよいとはいえないようです。

「集中力」をつけるにはどうすればいい?

■机の上には「いまやること」だけを置く

　勉強するときにはまず、視界に無駄なものが入ってこない環境をつくります。脳はそうした**無駄なものからも自動的に情報を取り込み、エネルギーを消費して疲労します。**

　子どもの脳に余計なエネルギーを消耗させないためには、机の上から関係ないものを片づける、あるいは無地の布をかけて

隠してしまうのも効果的です。やるべきことに集中できるよう、いまやるものだけを目の前に置きます。

　片づけコンサルタントの安藤貢氏は、机の上に**常備しておく文房具も、子どもが気に入っていて使いやすいものだけに厳選する**ことを勧めています。

■「ルーティン」を決める

　ルーティンとは、いつも決まってやる動作など「儀式」のようなものです。ラグビーの五郎丸選手がキックの前にやる拝むようなポーズが有名ですが、多くのスポーツ選手が、ふだんの練習からルーティンを取り入れ、「集中のスイッチ」にしています。

　これは心理学的にも効果があることが明らかになっており、勉強にも活用できます。子どもが勉強を始める際、「決まった位置に文房具を並べる」「机をきれいにふく」「親子で決まった言葉をかけ合う」など、毎日楽しく続けられそうなルーティンを一緒に考えます。

■「小分け」にして時間を計る

　子どもが集中できる時間は、**未就学児〜小学校低学年の場合は「年齢プラス1分」程度、高学年から中学生でも「15分」**ほどといわれています。

　子どもは長時間集中することができないので、やるべきことは5分から10分くらいでできそうな分量に小分けにするのがコツです。そしてゲームっぽく、ストップウォッチを使って

「ヨーイドン」と始めます。

　かかった時間や正答率をゲームのスコアに見立て、**ゲームの
ステージをクリアしていくような感覚だと、子どものやる気が
アップ**します。

「5〜10分×2〜3セット」で行なうと達成感を得やすく、集
中力だけでなく時間の感覚も身につきます（68「勉強を『習慣』
にする」参照）。

■「休憩」をとる

　イタリア出身のコンサルタント、フランチェスコ・シリロは、
仕事や勉強、家事などを**25分間続けた後に5分の休憩をとり、
そのサイクルを最大4回続ける**という時間管理術「ポモドーロ・
テクニック」を編み出しました。

　シリロは、この「25分＋5分」が人間にとって最大限の生産
性と効率性を引き出せるベストなバランスだといっています。

　子どもの場合、一気に25分集中するのは難しいですが、**勉強
したら休憩を入れて脳を休めることは、学習効率や集中力アッ
プ**につながります。

■「水」を飲む

　イースト・ロンドン大学とウェストミンスター大学の合同研
究によると、**勉強の前にコップ1杯の水を飲んだ子どもには、
集中力と記憶力の向上**が見られました。

　脳の80％は水でできており、脳の働きを高めるために水分を
補うことは大切だということです。

体力

をつけるには?

「栄養と運動」で脳と体を強くする

STRENGTH

METHOD
87

バランスよく「栄養」をとる
―― よい食事のシンプルな本質

　管理栄養士で子どもの栄養指導にもくわしい牧野直子氏は、子どもの食事で最も大事にすべきことは**「全体のバランスを整える」**ことだといいます。

　バランスを整えるには、主食・主菜・副菜をそろえるということが基本です。牧野氏によると、「主食3：主菜1：副菜2」の割合がベストのバランスだそうです。

主食(米など)3、主菜(肉など)1、副菜(野菜など)2の
割合がベストのバランス

バランスよく「栄養」をとるにはどうすればいい?

■「主食・主菜・副菜」をワンセットにする

「主食」は、ごはんやパンなど糖質が中心です。糖質は脳と体を動かすエネルギー源になります。

糖質制限がブームですが、牧野氏は「**糖質が不足すると代わりにタンパク質が使われ、体が大きくなるために必要な栄養素を使ってしまうことになり、骨や筋肉の成長をさまたげます**」と忠告します。一度の食事でおにぎり2つ程度、しっかりと糖質をとることが大切です。

「主菜」は肉や魚、卵、大豆製品などタンパク質を多く含む食材でつくります。主菜は筋肉や血液などをつくる基になります。とくにスポーツをしている子どもは、**筋肉の疲労回復のために、タンパク質をしっかりととることが必要**です。

「副菜」は野菜やきのこ類、海藻、こんにゃくなど、ビタミンやミネラル、食物繊維が多く含まれるおかずです。副菜は体の調子を整えます。

「副菜は1食に2品以上が理想ですが、たとえば**具だくさんの味噌汁なら1品で栄養満点**。また、主菜にもたっぷり野菜を加えれば、主菜と副菜を兼ねられます。味付けは、主菜が濃いめなら副菜は薄味に、主菜が塩味なら副菜は甘みのあるものにして、全体でバランスをとると、飽きずにおいしく食べられます」（牧野氏）

■毎日2杯の「牛乳」を飲む

　これらのほか、子どもの成長期に欠かせない栄養素は、カルシウムです。カルシウムの大半が蓄積されるのは成長期まで。**大人になって骨粗鬆症や生活習慣病にならないよう、この時期にしっかり摂取しておくことが大切**です。

　牛乳なら毎日コップに約2杯。小学校の給食で出される牛乳、約2本分です。給食のあるときは、朝ごはんやおやつをコップ1杯の牛乳と一緒にとるようにします。

　ただ、これだけではまだ足りず、他の食品からも補う必要があります。ヨーグルトやチーズなど、**牛乳以外の乳製品にも多くのカルシウムが含まれています**。青菜類（小松菜）、海藻類（ひじき）、大豆食品（木綿豆腐や納豆）、小魚や桜えび（殻、骨ごと食べられるもの）などからもとることができます。

　日本人は大人でもカルシウムが不足しているといわれています。子どもの場合、「給食のない週末や長期休みのあいだはとくに気をつけて、家族みんなで積極的に乳製品などをとるように心がけて」と牧野氏はいいます。

■1人分ずつ取り分ける

　子どもの肥満が増えていますが、牧野氏によると、**盛りつけは1人分ずつ取り分けたほうが、偏食や食べすぎを防ぐ**とのことです。子どもにはお子さまランチのようにワンプレートミールで盛りつけると、いろいろなおかずが一皿にのってカラフルになります。赤やオレンジ、黄色の暖色系の器を使うと、食欲をそそるようです。

■夕食が遅くなるなら「2回」に分ける

　最近では、親の帰宅時間や子どもの塾・習い事の関係で、食事の時間が遅くなりがちな家庭が多いかもしれません。そんなときは「2回に分けて食べさせればいい」と牧野氏はアドバイスします。

　1回目は、夕方にパンやおにぎりなど主食系のものを先に食べさせておきます。肉まんやおにぎりに含まれる豚肉やサケ、たらこなどの**ビタミンB₁は、主食の糖質と一緒にとると脳の働きがよくなります。**

　2回目には、普段の食事より1〜2割少なめの主菜と副菜を食べさせます。ただし2回目のおかずは、**揚げ物など消化に時間がかかるものは避けたほうがベター**です。睡眠が浅くなったり、翌朝食欲がわかず、朝食を食べられなくなったりします。

■食べない子には？　食べすぎる子には？

　食の細い子には、高カロリーな揚げ物にすると、少量でもしっかりとエネルギーがとれます。逆に食べすぎてしまう子には、早食いにならないよう、**噛みごたえのあるものを出し、よく噛んでゆっくり食べる**ようにうながします。

「噛みごたえを出すには、パスタなら、ペンネのような短いパスタにすると噛むのに時間がかかります。野菜も固めにゆでたり、繊維に沿って切ることで噛みごたえを残せます。たとえば千切りキャベツは、繊維に逆らうように切るとふわふわで口当たりが柔らかくなり、繊維に沿って切るとシャキシャキとした噛みごたえが出ます」(牧野氏)

METHOD
88

「おやつ」をあげる
—— 糖質より脂質に気をつける

　子どもは活動量が多いため、間食をほしがります。管理栄養士の牧野氏によると、おやつは「**食べる時間と量を決めることが大事**」とのこと。そうしないと際限なく食べてしまい、晩ごはんが食べられなくなってしまうからです。

　おやつは昼ごはんと晩ごはんの中間くらいの時間に、**1食分をお皿にのせて渡します**。1日に必要なエネルギー量の10%くらい、小学生なら約200キロカロリーが目安になります。これは板チョコでいうと1枚の半分、あんぱんなら1つ、ポテトチップスなら小袋1袋程度です。

　おやつ選びのポイントは、糖質より脂質をチェックすること。脂質が多いと消化のためのエネルギーが多く必要になるため、だるくなったり、眠くなったりすることがあります。

板チョコなら半分　　　　あんぱんなら1つ　　　　ポテトチップスなら小袋1袋

おやつは1日200キロカロリーが目安

「いいおやつ」ってどういうもの？

■脂質が少ないおやつを選ぶ

安心なのは和菓子です。「どら焼きやみたらし団子をはじめ、和菓子だと脂質が少なく、あずきには日本人に不足しがちな食物繊維も含まれます。ほかに**脂質が少ないおやつは、おにぎり、あんまん、あんぱん、ジャムパン、ぶどうパンなど**。バナナ、ゼリー、ヨーグルトもオススメです」と牧野氏はいいます。

一方で、脂質の多いおやつとは、ケーキ、ホットドッグ、カップラーメン、唐揚げ、ハンバーガー、フライドポテト、カレーパン、アイスクリームなどです。

どれも子どもの大好物ですが、カロリーも高いので、毎日のように食べるのは控えたほうがよさそうです。**スナック菓子に含まれるトランス脂肪酸は、悪玉コレステロールを増やして老化や生活習慣病を招くおそれもあります。**

■甘い飲み物に注意する

小学生なら、1日に1リットルくらいの水分が必要です。のどが渇いたときは、コップ1杯の牛乳を飲むと、カルシウム不足が補えます。

また、**しっかりと水分補給をするには水、もしくはお茶がベストです。**子どもが大好きなスポーツドリンクは、おやつとしてコップ1杯程度ならOKですが、のどが渇くたびにスポーツドリンクを飲んでいると、すぐにカロリーオーバーになります。

500ミリリットルの清涼飲料水には、砂糖などによる糖質が

50グラム近くも含まれていることがあります。

　糖質は子どもの成長にとって欠かせない重要な栄養素ですが、毎日何度もジュースを飲んでいたら、**いつのまにか飲み物だけで砂糖を過剰に摂取してしまうことになる**ので注意が必要です。

■運動の後はエネルギー補給をする

　習い事などで運動する場合、始まるまでに時間があるときは、「おにぎりやあんまんなど、糖質の中でもゆっくり消化・吸収される**でんぷん質の多いものを食べると長い時間エネルギーになり、体の動きがよくなります**」(牧野氏)

　運動の後は、速やかな疲労回復と筋肉の修復のために、あまり時間を置かずに「果汁100％のオレンジジュース、ビタミンCやクエン酸入りのスポーツドリンクを飲むか、**小さなおにぎりや牛乳、バナナなどをとるのが効果的**。そのうえで、夕食でしっかりタンパク質を補うことが大事」だと牧野氏はいっています。

METHOD
89

「朝ごはん」を食べる
―― シンプルなパターンをつくる

人は寝ているあいだもエネルギーを少しずつ消費するので、朝起きたときにはエネルギーが不足しています。寝ているあいだは体温も低下し、体は省エネモードになっています。そこで、朝ごはんを食べて体温を上昇させ、**全身にエネルギーを満たすことによって、脳も体も活動的になれる**のです。

脳を使うには、ブドウ糖がエネルギー源として必要です。朝ごはんではブドウ糖を補い、血糖値を上げて脳にエネルギーを届けることで、脳をしっかりと目覚めさせます。

また、**噛むことによって「幸せホルモン」、セロトニンが分泌されます。**セロトニンは精神を落ち着かせる神経伝達物質で、これが不足すると気分が落ち込んだり、寝つきが悪くなったりします。セロトニンがつくられるのは起きているあいだだけ。**朝ごはんをしっかり噛んで食べれば、脳内で「幸せホルモン」の分泌が活性化します。**

きちんと「朝ごはん」を食べるにはどうすればいい?

■ 余裕を持って起こす

「小学生の６人に１人が朝ごはんを食べていない」という残念なデータがあります。子どもはまだ消化管が十分に発達しておらず、一度にたくさん食べることができないので、**３食しっか**

り食べることで大事な栄養を摂取する必要があります。

　また、エネルギー不足のまま学校へ行くと、授業に集中できず頭がぼーっとしたり、**体が思うように動かず、ケガをしやすくなります**。起きてから家を出るまでに必ず朝ごはんを食べられるよう、余裕を持って起こすようにします。

■パターンを決める

　朝ごはんも「主食：主菜：副菜＝３：１：２」でとるのが基本です。とはいえ、忙しい朝にそこまで手をかけるのも大変なので、**「朝はパターンを決めておくと楽」**と管理栄養士の牧野氏は次のように勧めます。

「ごはんが主食なら主菜は卵や納豆、副菜は前日の味噌汁にする。パンが主食ならロールパンのように焼かずに食べられるパンを選び、チーズやゆで卵などを主菜にすると簡単に済みます。副菜はミニトマトやゆで置きのブロッコリーを常備しておくと便利ですが、時間がないときは野菜ジュースでも補えます」

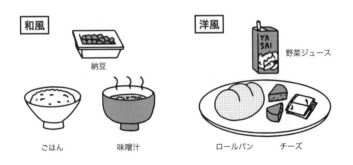

和風　　納豆　　ごはん　　味噌汁

洋風　　野菜ジュース　　ロールパン　　チーズ

手間のかからない朝食のパターンを決めておく

METHOD
90

「外食」を楽しむ
—— 親子でリラックスできる貴重な機会

　子どもたちが大好きな外食。親にとっても準備と片づけのいらない貴重な気分転換です。

　平日だと親の帰りが遅くなったり、習い事があってきょうだいでも食事の時間がばらばらだったりしますが、週末の外食なら家族そろって、テレビをつけることもなく、**ワイワイとみんなでおしゃべりをしながら、ゆっくり楽しく食べられます。**

「外食」を上手に生かすにはどうすればいい?

■珍しい料理を体験する

「子連れでも気楽なところ」と考えると、ついファミレスに足が向かいがちです。でもせっかくなら、**家では食べないようなものを体験してみると、子どもの味覚を広げる貴重な機会になります。**

　グローバル化がますます進み、将来わが子が日本以外のどこかで働くことになるかもしれません。さまざまな食文化を受け入れられるようにしておくことも、親としてできることのひとつです。

　同じカレーでも、家で食べるカレーライスではなくナンを使って食べる「**インドカレー**」、タイの定番の屋台料理である「**ガパオごはん**」、うどんに似ているベトナムの国民料理

「フォー」など、辛くなくしてもらえば子どもでも食べやすい
エスニック料理はたくさんあります。

■週に一度くらいならファストフードもOK

　おまけのおもちゃに釣られて子どもが行きたがるのはファス
トフードのお店です。最近のファストフードチェーンは品質や
安全性が非常に厳しく管理されており、過剰に神経質になる必
要はありません。ただ、高脂質、高カロリーのメニューが多い
ので、**ファストフードを食べた日は、脂っこいものを控えて野
菜をたっぷりとらせる**など、1日3食のトータルの栄養バラン
スを考えることは大切です。

　また、それは、ラーメンや牛丼などを好んで食べる大人にも
当てはまること。ファストフードを食べるときは、頻繁に食べ
るのは健康に悪いということを意識付けするようにします。

■スマホやゲームはかばんにしまう

　家族みんなで出かける外食は親子のコミュニケーションの貴
重な時間です。せっかくの機会に、それぞれがスマホを見たり、
ゲームをしていてはもったいないです。

　**食事中の会話が多ければ、子どものコミュニケーション能力
が高くなる**ともいわれています。また、家族間でのリラックス
した会話を通じて、自己肯定感も育まれていきます。会話をは
さみながら食事をすると、ゆっくり食べることができ、肥満の
防止にもつながります。

　食事を通じた家族団欒にはたくさんの効用があります。

METHOD
91

「好き嫌い」をなくす
——苦手があるのは自然なこと

コミュニケーション力

思考力

自己肯定感

想像力

学力

体力

　味覚に関する研究の世界的権威である理学博士のジャック・ピュイゼは、「誰一人として同じ味に対する同じ反応はない」といっています。

　4、5歳から7歳（長い場合は9歳くらい）まで、**子どもは新しい食べ物を危険なものととらえます。**とくに、苦味や酸味については、「腐った異物」だとして、本能的に受けつけません。

　たとえば、小学生が嫌いな食べ物の上位を占めるゴーヤ、セロリ、ピーマンなどは、大人にとっては香りや食感を楽しめる食材ですが、**多くの子どもにとっては危険な異物として受けとめられます。**

　食べ物の好き嫌いは生まれもった本能的な反応であり、子どものときほど敏感で個人差が大きいのは自然なことです。

「好き嫌い」をなくすにはどうすればいい？

■無理強いはしないがあきらめない

　好き嫌いのような本能的な反応には無理に逆らおうとせず、見ただけで嫌がるようなら強制する必要はありません。とくに**苦味に対する味覚が育つのはかなり遅いので、**子どもが苦い食べ物を嫌うのは自然な反応です。

　ただし、だからといって食べさせるのをやめるのではなく、

２〜３日あけてから、少し味や調理の仕方を変えてもう一度試します。子どもの味覚を育むには、新しい食べ物に親しむことが重要だからです。ただし、毎回、無理に食べさせようとはせず、**食べなくても気にしないで、淡々とくりかえします。**

生理学的に味覚が変わり始める10歳あたりになると、コショウや塩、野菜も好むようになってきます。苦味の強い野菜には甘めの味付けをするなどの工夫で、少しずつ味覚の幅を広げていきます。

■味の刺激で脳の発達をうながす

食べ物の味は、舌の表面にある味蕾という器官でキャッチされ、神経細胞を通して脳に伝えられます。味蕾は8歳から急速に増え、12歳をピークに減っていってしまいます。

味蕾が味をキャッチするたびに送られる信号は脳を刺激し、脳の発達をうながします。脳の発達は、小脳が8歳ごろ、大脳は12歳ごろで完成するといわれています。いろいろな味を経験することで脳が刺激を受けると、「視覚・聴覚・触覚・嗅覚・味覚」の五感が研ぎすまされていきます。

食べることは、たんなる生存のためだけでなく、脳の発達にもつながっているのです。

ジャック・ピュイゼは**「刺激が乏しくてつまらない食べものは言葉を眠らせ、言語を衰退させる」**といっています。また、12歳までに基本の味をきちんと体験していない子どもは、成長してから問題行動を起こしやすいという研究結果もあります。

とくに味蕾がキャッチできるのは、食材そのものの自然の味

です。自然の味から基本の「甘味・塩味・酸味・苦味・うま味」の5つの味を見分けるごとに味蕾の数が増え、味覚が鍛えられていきます。

■大人がおいしく食べるのを見せる

栄養のことだけでいうと、嫌いな特定の食べ物を食べなくてもほかの食べ物で代替できるので、**好きなものだけでお腹を満たしていても、子どもは十分に育ちます。**とはいえ、味覚は脳の発達にもつながっているので、その意味では子どもがさまざまな味を経験するのは大切なことです。

大人ができるだけいろいろな食材に挑戦し、おいしそうに食べているところを見せると、子どもも新しい食べ物に興味を覚え、**チャレンジしてみようという意欲がわきます。**

家庭では、親が好きでないものは食卓に上りにくい傾向にありますが、子どもに機会を与えるために、大人もさまざまな味に挑戦します。

■好き嫌いを克服するための工夫

・みじん切りにして、ハンバーグやカレーなどに入れてしまう
・子どもの好きなキャラクターのぬいぐるみや人形を使って応援する
・ゆでて苦味を減らす
・苦味や酸味のある食べ物には、甘味や塩味をつける（ホウレンソウにゴマだれ、マーマレードにハチミツ、ゆで卵に塩など）

※管理栄養士・牧野直子氏によるアドバイス。

METHOD 92 一緒に「料理」をする
—— 五感を育む刺激的な体験

　自分が子どもだったころに比べて、親子の会話時間が短くなったと感じる親が増えています。

　江崎グリコの調査では、仕事に家事にと忙しいうえ、**子どもと向き合って会話するよりもスマホを利用している時間が長い**という親が多くなっているようです。

　こうした中で、親子で一緒に料理をするのは貴重なコミュニケーションの機会になります。

　東京ガス都市生活研究所の調査によると、**親子で料理をしている頻度が高いほど家族の仲がよく、幸福感が高い**傾向にあります。

一緒に「料理」をするにはどうすればいい？

■キッチンで五感を養う

　料理をしていると、味見によって「味覚」が、材料を扱うことによって「触覚」が、調理中の変化を見ることで「視覚」が、野菜を切ったりぐつぐつ煮たり焼いたりすることで「聴覚」が、食材そのものや調理中に漂う香りから「嗅覚」が育まれていきます。

　材料を洗ったり、鍋をかき混ぜたり、味見をしたり、**簡単な作業を手伝うだけでも、十分に五感が刺激されます。**

■基本のスキルを身につける

料理のスキルは、生きていくうえで欠かせない力です。「**焼く・蒸す・煮る・炒める**」という基本を身につけておけば、世界中どこへ行っても生き抜くことができます。

子どもたちが生きる未来には、日本は人口が減り、市場が縮小していきます。そうなれば、これまで以上に国外へと勉強や仕事の場を求める人が増えていくかもしれません。

そんなとき、**食べ慣れた味を簡単につくれるようにしておく**ことは、子どもの将来の大きな支えになります。

まずはこの「4つの基本」で、塩やコショウのシンプルな味付けでもおいしい料理ができることを一緒に体験します。

■知識の「実感」を育む

教育現場では、「**いまの子どもは知識はたくさん身についていても、実感的な知恵は乏しい**」と嘆かれることがあります。

たとえば「100グラムはどれくらい重い？」「15mlってだいたいどれくらいの分量？」「大きなペットボトルにはどのくらい水が入る？」といったことが実感としてわからない子どもが多いといいます。

料理で材料などを計測すると、体積や重さが感覚で理解できるようになります。

こうした感覚が身につくと、算数や理科の勉強で非現実的な数字に出くわしたときにも「**あれ、これはおかしいぞ。計算がどこか間違っているのかも**」という直感が働くようにもなるようです。

■まかせて達成感を抱かせる

料理は子どもが達成感を得やすい作業です。達成感を覚えると、子どもはやる気になります。

子どものペースに合わせて料理をするのは時間や手間がかかりますが、親は極力手を貸さず、**プロセスにも結果にもあれこれ言わないようにします。**

「カレーにチョコレートを入れてみる？」「牛乳を豆乳に替えてみる？」などと話しながら、**試行錯誤のきっかけをつくってあげる**のも創造力が育ち、子どもの自信につながります。

■レシピを一緒に眺める

「野菜を切る」「衣をつける」「団子のかたちにまるめる」といった、部分的な作業を子どもにまかせるときも、レシピ全体を一緒に眺めます。そして、その作業が全体の中でどんな役割なのかを考えます。

なぜ野菜を細かく切るのか、なぜ衣をつける順番が決まっているのかなど、「なぜ？」を一緒に考えることが、**子どもの能力を伸ばします。**

料理は客観的に自分自身の思考や行動を眺める「メタ認知能力」を育みます。「自分には何が足りないのか？」「どうすべきか？」を考える問題解決能力です。

メタ認知能力は、幼児期後半から徐々に発達し始め、小学3年生くらいからしっかりと働くようになり、学力、そして将来の仕事の能力にも直結するといわれています。

METHOD
93

「お弁当」をつくる
―― 愛情をこめつつ、手間は少なく

　子どもたちはお弁当の時間、つくってくれた家族の話をすることが多いといいます。お弁当は、一緒に食卓を囲めないときの家族の絆。子どもはそれをお弁当を食べながら感じているのです。

　とはいえ、忙しい朝のお弁当づくりは負担に感じるもの。愛情はこめながらも、できるだけ負担なくつくりたいところです。そのためには、お弁当のパターンを決めておくと便利です。

賢く「お弁当」をつくるにはどうすればいい?

■ちょうどいい量をバランスよく詰める

　管理栄養士の牧野氏は、「詰める割合は、表面積を主食：主菜：副菜＝2：1：1にするのが基本」だといいます。弁当箱は、幼児は300～400ml、小学校低学年なら500～600ml、高学年なら600～700mlの容量のものを勧めています。

　弁当箱のサイズが1ml分大きくなると、入るお弁当のエネルギーも約1kcal増えるので、弁当箱のサイズ（ml）は必要なカロリーの量（kcal）とほぼ同じです。

　主食はパンでもよいのですが、ごはんはパンに比べて脂質が少なく塩分がないため、よりヘルシーです。できればごはんを詰めるのを基本にします。

■彩りは5色を目安に

　小さな子どもほど「目で食べる」といい、**色は子どもの食欲を刺激します**。5色というとハードルが高そうですが、卵焼きやゆでたサツマイモ（黄）、ブロッコリーや枝豆（緑）、プチトマトや梅干し（赤）で3色。あとは肉（茶）を焼いて、ごはん（白）があれば5色になります。

■「調理法と味の掛け合わせ」でバランスを整える

　どうしてもパターンが限られてしまうといった「おかずのマンネリ化」を解消するには、「調理法と味の掛け合わせ」で工夫ができます。

「調理法と味付けをさまざまに組み合わせると、エネルギー、塩分のバランスを整えやすい」と牧野氏は次のように具体的な掛け合わせを勧めています。

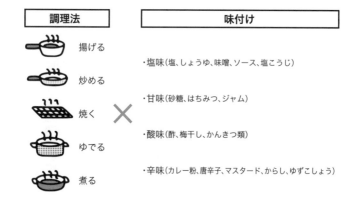

調理法と味付けの組み合わせを変えると、新しい味や食感を楽しめる

■冷凍食品を使う

　冷凍食品も便利に活用できます。お弁当づくりで最も重要なのは、手づくりにこだわることよりも、主食、主菜、副菜のバランスです。**おかずがそろわないときやつくる時間がないときは、冷凍食品を取り入れてバランスを整えます。**

　冷凍食品を買うときは、いつも同じものではなく、メーカーを変えたり、いろいろなおかずを選ぶようにします。

　「いったん解凍されると霜がついて味が落ちるので、**一度開封したら賞味期限にかかわらず早めに使い切ってしまうこと。**使い切らないときはすぐに冷凍庫にしまいます。ブロッコリーや青菜は、自分でゆでて冷凍するより、冷凍食品のほうがおいしく食べられます」（牧野氏）

■自家製冷凍食品をつくりおきする

　牧野氏によると、晩ごはんにつくるしょうが焼きや焼き魚、ハンバーグなどは、**多めにつくってお弁当用に冷凍しておくと便利**だそうです（『冷凍・冷蔵がよくわかる食材保存の大事典』池田書店）。全部味付けをし、火を通してから冷凍し、使うときは電子レンジで再加熱します。

　冷凍のまま加熱してもいいですが、**前の晩から冷蔵庫でゆっくり解凍しておくと、朝温めやすくなります。**

■汁物は保温ジャーを活用する

　カレーやシチュー、おでん、麻婆豆腐、豚汁などは、朝温めなおして保温ジャーに入れておくと、お昼にはちょうど食べご

ろになっています。

　ただし、「**一度開けると中の温度が下がり、菌が繁殖しやすくなる**ので、開けたらすぐに食べきるように子どもに伝えておきます」（牧野氏）

■汁気のあるものは容器を分ける

　牧野氏によると、お弁当が傷む原因は「高温」と「水分」です。とくに丼ものやチャーハン、炊き込みごはんや混ぜごはんなどは、具材に水分を多く含むため、傷む原因になります。

　丼として食べたいときは、**汁気を含む具は別容器に入れておき、食べるときにごはんの上にのせる**ようにします。

　お弁当に定番の副菜であるプチトマトやブロッコリーも、キッチンペーパーで水分をふきとってから入れます。卵は半熟ではなく、しっかりと火を通します。

■冷凍デザートで保冷する

　保冷対策が必要なのは夏だけではありません。外が寒い時期でも室内は暖かく、とくに**暖房近くでは温度が高くなり、菌が繁殖しやすくなります**。

　牧野氏は「デザート用にゼリーや果物を他の容器に入れて凍らせておくと、保冷剤代わりに使える」とアドバイスします。

　冷凍する果物としてはグレープフルーツなどのかんきつ類（皮は取り除く）、皮付きで食べられるぶどうや、缶詰の果物も使えます。

METHOD
94

「旬」を生かす

―自然のサイクルを食事にとりこむ

　野菜や果物の「旬」は、**いちばんおいしくて栄養価が高い時期**です。いまは旬に関係なく、一年中売っているものもありますが、その多くはハウス栽培や外国から輸入されたものです。

　暑い夏には体を冷やすキュウリやナス、寒い冬には鍋で煮込む大根や白菜、風邪の予防になるビタミンCを多く含むミカンなど、**旬の食材は季節に合わせて私たちの体調を整えてくれます**。とくに和食は伝統的に、旬の食材をおいしく食べるように考えられており、ハレの日（祭りなど特別な日）の行事食にも、旬の食材が多く使われています。

　子どもが旬の食材を知り、食べることは、栄養面のメリットがあるだけでなく、**五感で四季を感じ、日本の伝統を知るための身近で手軽な方法**です。

食べ物の「旬」を生かすにはどうすればいい？

■旬を知り、子どもに教える

　旬の食材は、その食材にとって最も快適な時期に育つので、元気に育ちやすく、たくさん収穫できます。そのため**栄養価が高いだけでなく、安く手に入ります**。

　たとえば露地もののホウレンソウは、旬の冬に採れたものだと、ビタミンCが夏採りのものの3倍も含まれ、トマトなら、

夏採りのものはベータカロテンが他の季節に採れたものの２倍にもなります。

　サンマやイワシは、秋には脂がのっておいしくなるだけでなく、**脳の活性化や生活習慣病の予防に役立つとされるDHAやEPAが春や夏のものの２〜３倍ある**といわれています。

　私たちの体は季節に合わせて、暑いときには「体を冷やすもの」、寒いときには「体を温めるもの」をほしがり、**旬の食材はそんな体のニーズに合っているため、おいしいと感じます。**

　親自身、旬の情報を仕入れ、毎日の食事に取り入れて、子どもたちに旬について教えてあげるようにします。

四季の旬の食べ物の例

新陳代謝が落ちる冬の間、体内にためこまれた老廃物を出すのを助けてくれる。

イチゴ、菜の花、アスパラガス、タケノコ、アサリ

水分やカリウムが多く含まれ、利尿作用があり、体を冷やす。

トマト、キュウリ、ナス、スイカ、アジ

春　夏

秋　冬

さつまいも、さといも、キノコ、栗、梨、柿、サンマ、イワシ

ホウレンソウ、白菜、大根、ミカン、ブリ

夏の日差しをたっぷり受けて栄養を蓄えており、冬の寒さに負けない体をつくる。

体調を整えるビタミンCが多く含まれ、風邪を予防する。

METHOD
95

「惣菜」を活用する
—— 塩分と油に注意して賢く使う

最近では共働き家庭が全世帯の6割を超えており、食事づくりを毎日休みなく続けるのはかなり大変なことになっています。そこでいま、市場が拡大しているのが「中食」です。中食とは、惣菜やコンビニ弁当など、出来合いのものを買ってきて家で食べることです。

「2018年版惣菜白書」（一般社団法人日本惣菜協会）によると、2017年の惣菜市場規模は10兆円を超え、**およそ40年前の調査に比べて10倍以上も増えています。**

中食なら、下ごしらえや後片付けの手間がない分、子どもたちとゆっくり過ごせます。

また、ふだん家でつくらないものを選べば、**子どもたちが新しい味を知るよい機会にもなります。**

「惣菜」を活用するにはどうすればいい？

■味つけを薄める

「人間の体内の塩分濃度は0.8～0.9%。それと同じ濃度の塩分をとると、いちばん体によく、おいしいと感じやすい」と管理栄養士の牧野氏はいいます。

ところが中食では、冷めてもおいしく感じられるよう、これより**濃く味付けされていることが多く、塩分のとりすぎに注意**

する必要があります。

　とくに小学生までの子どもは、大人よりも低い塩分濃度が WHO によって推奨されており、中食は子どもにとって濃い味付けになりがちだと牧野氏は忠告します。

　人間の味覚は濃い味に慣れると、さらに濃い味を求めます。子どもには「ソースやドレッシングの量を半分にする」「家にある野菜と和える」などで薄味にするとよいそうです。

■ 油に気をつける

　中食では、どうしても油の多いものが重なってしまいがちです。揚げ物にはサラダを組み合わせたくなりますが、中食のサラダには多くの場合、ドレッシングがたっぷりかかっています。

　牧野氏によると、ドレッシングには油が多く含まれているので、**揚げ物で油をとってしまう場合には、おひたしや酢の物を組み合わせる**など、油脂が多くなりすぎないように気をつけます。

　油脂が多いと、高カロリーであるだけでなく、消化にも時間がかかるため、疲れが取れにくくなります。

「子どもの簡単な食事やお弁当をコンビニなどで買う場合は、揚げ物よりも、**サケやたらこ、鶏そぼろなどタンパク質のおかずが入ったおにぎりを2つと、野菜の惣菜を1つ買う**といった組み合わせのほうが、栄養のバランスが整いやすくなります。子どもが一人でコンビニなどを利用するときも、これを目安として教えておくとよいでしょう」と牧野氏はアドバイスしています。

■添加物には神経質になりすぎなくていい

　子どもに食べさせる際、中食でどうしても気になるのが添加物です。食品表示を確認する癖をつけておき、**できるだけ添加物の少ないものを選びます。**

　とはいえ、日本の安全基準は厳しく、とくに大手のコンビニやスーパー、デパートでは厳重に品質管理を行ない、食品の安全性には気を配っています。

「食品添加物の安全性は量で決まるので、**毎日同じようなコンビニ食や惣菜ばかり大量に食べ続けなければ、過度に心配する必要はありません」**と牧野氏はいっています。

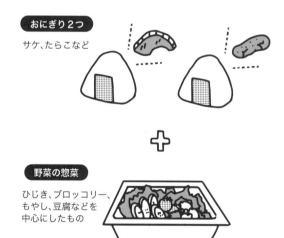

おにぎり2つ

サケ、たらこなど

野菜の惣菜

ひじき、ブロッコリー、
もやし、豆腐などを
中心にしたもの

軽食などに惣菜を利用するときは、
タンパク質の入ったおにぎりと野菜を組み合わせる

METHOD
96

「免疫力」をつける
—— 病気になりにくい体をつくる

現代では、除菌・殺菌が行き届き、かつてより衛生環境がよくなりました。親の衛生意識も昔とは段違いに上がり、子どもたちは清潔な環境で安心な暮らしを送れるようになりました。

ですが、その反面、**子どもたちが雑菌に触れる機会が減っている**ことが「免疫力」を弱める原因のひとつにもなっています。

パソコンやネット環境が進化した結果、運動不足や睡眠不足、ストレスを抱えた子どもも増えており、そうした問題も免疫力を低下させています。

免疫力を高めると、風邪などの感染症にかかりにくくなるだけでなく、**血行がよくなって脳や体の動きが活発**になります。

「免疫力」をつけるにはどうすればいい?

■タンパク質をとって筋肉をつける

白血球には、免疫を担当する細胞が集まっています。体温が上がると血流がよくなり、白血球が体中をめぐることで、免疫力が発揮されます。

体温を上げるには、体内に熱をつくる必要があります。筋肉はつねにエネルギーを代謝して熱をつくってくれます。ですから、**タンパク質をしっかりとって筋肉をつける**ことが大切です。

タンパク質は、免疫細胞そのものの材料にもなります。肉や

魚、牛乳や豆類をかたよらずに食べるようにします。

コミュニケーション力

思考力

自己肯定感

想像力

学力

■いろいろなおかずを食べる

腸には、体内の免疫細胞の 60 ～ 70％が存在しています。**発酵食品と食物繊維、オリゴ糖は免疫機能を高めてくれます。**発酵食品とは、納豆や味噌、チーズ、ヨーグルトなどです。

さらに、腸内環境を整えるだけでなく、免疫細胞を活性化させる必要もあります。

免疫細胞を活性化させるには、タンパク質が必要です。ビタミン類も、細胞の免疫機能を助けますし、亜鉛などのミネラル類も、免疫細胞を保護するために必要です。

このように、免疫力には多くの栄養素が関わっていますが、毎食複雑な栄養計算をしなくても、298 ページのように、「主食：主菜：副菜＝３：１：２」の割合でいろいろな種類のおかずを食べたり、「旬の食材」を意識したりすることで、自然にバランスがとれます。

■外で遊ぶ

紫外線を浴びることで人間がみずから合成できるビタミンが「ビタミンＤ」です。**ビタミンＤは、がんや自己免疫疾患、感染症の発症予防に関係しています。**

東京慈恵会医科大学の浦島充佳教授らの研究によると、インフルエンザがはやりだす前からビタミンＤを意識してとっていたら、発症率が半減したといいます。ビタミンＤはサバなどの魚類やしいたけなどのキノコ類に含まれるものの、食べ物だ

体力

けでは不十分です。

　紫外線＝悪とみなされがちですが、紫外線の強い時間帯に肌の極端な露出を避ければ、**30分程度の外遊びや散歩をするだけでも多くのビタミンDが合成され、免疫力を高められます。**

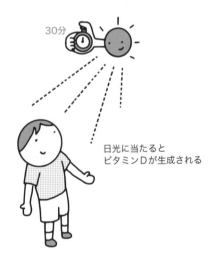

30分

日光に当たると
ビタミンDが生成される

毎日、30分程度は外で日光を浴びるようにする

■**十分な睡眠をとる**

　睡眠不足は免疫力を低下させます。早稲田大学人間科学部の前橋明教授によると、たくさん体を動かし、睡眠のリズムが整えば、自律神経の働きがよくなって、低体温などの体温異常が減少するといいます。

　外で遊ばせると同時に、**たっぷりと睡眠をとることで体温が安定し、免疫力が高まります。**

METHOD
97

「体」を動かす
—— ケガをしにくい体をつくる

　小さな段差を飛び降りたら足首を骨折、跳び箱を跳んだらバランスを崩して両手首を骨折……そうしたささいなことで骨折する子どもが増えています。

　骨を丈夫にするには、骨に圧を加える運動が最適です。

　日本の骨折研究で有名な京都府立医科大学の保田岩夫医師の研究によると、骨に圧力を加えることによる振動でマイナス電気が発生し、この電気がカルシウムを呼び寄せて骨への沈着をうながし、**骨の細胞を活発にする**ことがわかっています。

　骨に圧を加える運動は、走る・跳ぶ・踏み込むなど、日常の外遊びやスポーツに含まれています。

■**体全体をバランスよく使う**

　その一方で、スポーツに積極的に取り組んでいるタイプの子にも、特定の部位に必要以上の負担をかけることで機能障害が起きることがあります。

　ひとつのスポーツに特化しすぎると、使われる部位がかたより、**体全体の柔軟性やバランスが損なわれてしまう**のです。

　骨の成長期にある子どもには、日常生活の中で動きにバリエーションをもたせ、無理をさせず、**かたよりなく全身を使わせることが大切**です。

効果的に「体」を動かすにはどうすればいい？

■運動は「毎日1時間程度」が最適

　幼児から、小学生、中学生くらいまでは、毎日1時間くらいの外遊びや運動が最適です。

　もっと運動したい場合でも**2時間を限度にし、長く運動した日の翌日はゆっくりと休むようにします**。野球で連日投げ続けるなど、骨の成長途中に無理をすると、逆に骨を痛めることになります。

■痛みが続いたら専門医に診てもらう

　痛みが1週間以上続くなどの症状があれば、専門医を受診するようにします。早く発見できれば、早く治すことができるからです。

■動物ポーズで体操を

　理学療法士集団キッズプロジェクトチームが監修した、**骨を育てる「骨ほね体操」**は、動物になりきって遊びながら骨に圧力を加えることができます。

　浜脇整形外科リハビリセンター長の村瀬正昭医師は、「動物の真似をしながら筋力や強い骨をつくる骨ほね体操は、**全身のストレッチを十分に行うウォームアップと、体操後のクールダウンも必ずセットにして行なう**ことがポイントです。骨ほね体操も含めて、できれば毎日1時間程度体を動かすことが、成長期の子どもにとってはとても重要です」とアドバイスします。

骨を育てる「骨ほね体操」

準備体操

● きりんポーズ

両腕を上にぐんぐん伸ばしながら、首を前後左右にゆらゆら動かす。首をゆるめて動く範囲を広げておく。

● ねこポーズ

背中のほうに吸い込む気持ちで息を吸いながら、背中を丸めていく。

息を吐きながら、背中をそらす。体幹を使う感覚で。

● かえるでピョーン

体の前にかえるみたいに手をついて、小さくなって力をためる。

足のバネを使って、ピョーンとできるだけ遠くに跳ぶ。

ポイント
しゃがんだところから、一気に力を爆発させて跳びあがる。着地の衝撃が骨を目覚めさせる。足腰の筋肉、体幹も鍛えられる。

● バンビでスキップ

両手を腰に当てて、右足で前方向にジャンプして右足で着地する。

すかさず左足を出して、同じように左足でジャンプして左足で着地。

また右足でジャンプ、左足でジャンプと、バンビになった気持ちで、交互にリズムよく跳ねて、前に進んでいく。

ポイント
スキップができないときは、その場で片足ずつジャンプするだけでもOK。リズミカルな心地よい衝撃が、全身の骨にいい刺激を与える。

● ぞうでドシーン

ポイント
お相撲さんの四股踏みの要領で。バランスをとるのが難しいので、最初は低く、だんだん高く足を上げていく。

サバンナを歩く象になった気持ちで、足を広げてゆっくりドシーン、ドシーンと前に進んでいく。

● エリマキトカゲでグー＆パー

 ⇨

ポイント
瞬発力を生かしてジャンプ。エリマキを大きく広げるつもりで、思い切り手足を開こう。

エリマキトカゲが「おいしいアリ」を探すような感じで、しっかりとかがむ。

天敵の猫だ！　両手両足をパッと広げて、威嚇のジャンプ！

● カンガルーでハイジャーンプ

ポイント
細い手は前にぶらり。足は太くたくましいカンガルーになったつもりで。小さく跳んだり、大きく跳んだり、変化を楽しむ。

両足で前に跳んだら後ろに跳んで、左に跳んだら右に跳んで、前後左右に、ピョンピョン自由に跳ねまわる。着地するときは膝を軽く曲げてクッションにする。

出典：キッズプロジェクトチーム監修「どうぶつポーズで、骨ほね体操」
（「からだの音 for Kids」2018年夏号）

METHOD
98

「スポーツ」をする
── マルチな競技をのびのび楽しむ

コミュニケーション力

思考力

自己肯定感

想像力

学力

体力

外遊びの時間や場所が減り、子どもの体力の低下が叫ばれる一方で、**幼いころからスポーツに打ち込み、プロをめざすよう**な子もたくさんいます。最近ではさまざまな競技で、世界を舞台に活躍する日本人選手が増えてきたこともあって、夢をふくらませる子どもも多いでしょう。

ところが、同じ動作のくりかえしなどが原因の「**オーバーユース**」によって、骨や筋肉や靭帯などを痛めてしまう「スポーツ障害」が問題になっています。子どものスポーツ障害にくわしい村瀬正昭医師は、「子どもの骨の強さは70歳、80歳の高齢者と同じ。小学校低学年の筋肉はもっと弱いので、大人より注意が必要」と警鐘を鳴らします。

成長期の骨には骨を長く成長させるために重要な「成長軟骨」というものがあり、このやわらかい骨の層に**ハードな練習で負担がくりかえし加わると、障害が出てくる**のだそうです。

炎症を起こしたり、骨がはがれたり折れたりしてしまうこともあります。適切な治療が遅れるとそのまま固まって元に戻らなくなり、大人になっても痛みに悩まされる人もいます。

とくに身長が伸びている時期は、骨がまだやわらかいため、ケガを予防するには、負担の大きい無理な練習をさせないことが大切です。

うまく「スポーツ」をするにはどうすればいい?

■さまざまな競技を楽しむ

　欧米の子どもには、野球、サッカー、バスケットボールなど、**季節ごとに競技を変える「マルチスポーツ」**が定着しています。さまざまな種目を体験することで、隠れた可能性を見つける機会を増やすだけでなく、さまざまな体の部位を使うことでバランスのよい体づくりができるからです。

　メジャーリーグで活躍する大谷翔平選手は、**小学校時代に野球だけでなく水泳も習っていた**ことが、関節の柔軟さにつながっているといわれています。マルチスポーツのメリットには注目が集まっています。

「マルチスポーツ」でバランスよく体を使う

コミュニケーション力
思考力
自己肯定感
想像力
学力
体力

■オーバーユースに気をつける

　村瀬医師は、オーバーユースを防ぐために、**毎日違うことをするよう勧めています。**

　たとえば野球をしているなら、今日走りこんだら、翌日は素振りをして上半身を使う、違うポジションでやってみる、右打ちも左打ちもやる、といった具合です。

■スポーツの前後にストレッチをする

　成長途中のやわらかい骨を守り、筋肉や靱帯などの筋を痛めないためには、スポーツの前後に必ずストレッチをやるようにします。**ラジオ体操は、運動前に行なうと筋肉が温まって体がやわらかくなり、血行がよくなります。**

　運動後は疲れた筋肉に乳酸などの疲労物質がたまっているので、深い呼吸とともにストレッチをして、ゆっくりとクールダウンします。

■筋肉の炎症にはアイシング

　冷やすことは、筋肉の炎症を抑えて回復を早めるために有効です。

　炎症やケガのダメージを抑える方法として「RICE」と呼ばれる処置が知られています。

　まずは安静にし（Rest）、氷で患部を冷やし（Ice）、腫れているときは軽く圧を加えて（Compression）包帯を巻き、20分間ほど患部を心臓より高い位置に上げます（Elevation）。

　RICE は、捻挫や打撲のときの応急処置としても不可欠です。

METHOD
99

「噛む力」をつける
―― よく噛むと頭も体も強くなる

　いまや、日本は世界でも子どもの虫歯が少ない国です。昭和40年代には9割以上の子どもに虫歯がありましたが、いまは虫歯のない子のほうが多くなり、小学生では45%と過去最低になりました。

　その一方で、短時間で食べられるやわらかいものが中心の食生活になり、**きちんと噛めない子どもが増えている**ともいわれています。しっかり噛むことで脳の血流も大きく増加するので、脳が活性化されて記憶力が高まるなど、**噛むことは学習効果を上げることにもつながります。**

　子どもの噛む力にくわしい歯科医の増田純一氏によると、噛む力の弱い子は、口の周囲の筋肉やあごが弱く、口がポカンと開いているのだそうです。この「お口ポカン」の状態の子どもは口呼吸になるため、のどの乾燥でウィルスや細菌に感染しやすく、**扁桃腺がつねに腫れている状態になり、免疫力が低下します。**また、くちびるも乾燥するので、ひび割れや出血のほか、歯肉炎や口臭の原因にもなります。

　噛む力がつくと口の周囲の筋肉が鍛えられるので、いつでも口を閉じて鼻呼吸をするようになり、風邪をひきにくくなります。噛む力は脳の活性化だけでなく**体全体の健康にもつながっているのです。**

「噛む力」をつけるにはどうすればいい?

■「あいうべ体操」をする

噛むために必要な筋肉を鍛えるため、今井一彰医師が考案した「あいうべ体操」というトレーニング法があります。

① 「あー」と口を大きく開ける
② 「いー」と口を大きく横に広げる
③ 「うー」とくちびるを前に突き出す
④ 「べー」と舌を突き出して下に伸ばす

今井医師は、この体操を食前に10回ずつなど、1日30回行なうことを勧めています。声は出しても出さなくてもいいので、1回ずつゆっくりと行なうことで、口のまわりや舌の筋肉が鍛えられ、免疫機能アップにつながるといいます。

あ
「あー」と言いながら、のどの奥が見えるように大きく口を開く

い
「いー」と言いながら、歯が見えるように口を横に広げる

う
「うー」と言いながら、くちびるを突き出す

べ
「べー」と言いながら、舌をあごの先まで伸ばす

「あいうべ体操」のやり方

出典:今井一彰『あいうべ体操で息育 なるほど呼吸学』(少年写真新聞社)

■口の中をきれいにする

虫歯になり、神経が破壊されると、噛む力が弱まるだけでなく、脳につながる神経も切れた状態になってしまうため、**脳の成長にも悪影響を与えます**。しっかり噛めるようにするには、虫歯をつくらないよう口の中をきれいにすることが欠かせません。

ちなみに、虫歯に最もかかりやすいのは寝ているあいだです。就寝前に丁寧に歯みがきをすると、寝ているあいだは歯がきれいな状態になり、虫歯を予防できます。**朝起きたときすぐにしっかりとうがいをするのも虫歯予防になります**。

毎食後の歯みがきが無理な日も、起きてすぐのうがいと、寝る前の丁寧な歯みがきは欠かさないようにします。

■ひと口30回噛む

厚生労働省が提唱している「噛ミング30」運動では、噛む力は生活習慣病を予防して、健康にも効果があることをうたい、ひと口30回噛むことを推奨しています。

■ガムを噛む

増田医師によると、歯科医の指導のもと、子どもが**奥歯でガムをしっかり噛むトレーニング**をしたところ、噛む力が2倍になった例もあるそうです。ガムを噛むときには、片方にかたよらず、両サイドの奥歯で噛む意識をもたせるようにします。

ガムは歯科や薬局で売られている、**キシリトールが90%以上含まれているものを選ぶ**ようにします。キシリトールは、虫歯になりにくい甘味料です。

METHOD
100

「目」を守る
—— スマホ時代にケアすべきこと

コミュニケーション力

思考力

自己肯定感

想像力

学力

　文部科学省が行なった「学校保健統計調査（平成30年度）」によると、「裸眼視力1.0未満」の子の割合は幼稚園26.68%、小学校34.10%で、小学校では過去最高となりました。

　「裸眼視力0.3未満」だと小学校で1割弱、高校生になると約4割にのぼり、小学校でも高校でも過去最高の割合となっています。

　近視は遺伝もありますが、**子どもたちの外遊びが減り、電子機器を扱う時間が増えたことも大きな要因**とされています。

　電子機器が発するブルーライトは、網膜に到達するほどエネルギーが強く、近くで見るほど浴びる量が多くなります。とくに子どもの目はピントを合わせる調整力が強く、**目の中に入る光の量も大人に比べて数倍多い**ので、電子機器から出るブルーライトの影響を受けやすいのです。

　また、大人は1分間に15〜20回ほどまばたきをしますが、子どもは角膜を覆っている涙の膜がしっかりしているため、**2〜3分間まばたきなしで画面を見つづける**ことができます。

　しかし、長時間画面に向かっているとやはり目が充血し、乾燥による角膜障害が起きます。

　小学校でもプログラミングの必修化や電子黒板、タブレットの導入など、**パソコンやタブレットを使う時間が増えていくこ**

体力

とから、目の健康を守るためのケアを行なう必要があります。

「目」を守るにはどうすればいい?

■1日30分の外遊びをする

ブルーライト研究の第一人者である慶應義塾大学医学部の眼科医、綾木雅彦特任准教授は、**日光に含まれるバイオレットライトには近視の進行を抑制する効果がある**ので、外遊びによって日光を浴びることを勧めています。

子どもの近視の進行は世界的にも問題になっており、シンガポールでは子どもの目のケアに対する政策として、**1日30分の外遊びを推奨している**といいます。

■スクリーンから目を離す

ブルーライトの影響は、目からの距離の二乗に反比例するといわれています。たとえば20センチと2メートルを比べると、**20センチでは2メートルのときの「100倍」も大きな影響を受けます。**

テレビを見るときはたいていの場合、1メートル以上離れているため影響は少ないのですが、顔から約20センチの距離で使用するスマートフォンや40〜50センチの距離で使用するパソコンでは、ブルーライトの影響はより大きくなります。

ノートパソコンやタブレットを長時間使う場合は、**モニターにつなぐと、画面との距離を60〜70センチほど空けられる**ので、ブルーライトの影響を和らげることができます。

■20分、画面を見たら目を休ませる

　米国眼科学会は、「20-20-20ルール」を推奨しています。「20分」ごとに「20フィート」（約6メートル）以上離れた場所にあるものを「20秒」以上見るようにして、目を休ませるというルールです。

　20分間スクリーンを見たら、**遠くを見たり、目を閉じたり**して、**緊張していた目を休ませます。**

20分おきに、
20フィート以上離れたところを
20秒以上見る

おわりに

　修道女であり、教育者であった渡辺和子さんの『置かれた場所で咲きなさい』（幻冬舎）という本のなかに、次のような言葉があります。

　「どうしても咲けない時もあります。風雨が強い時、日照り続きで咲けない日、そんな時には無理に咲かなくてもいい。その代わりに、根を下へ下へと降ろして、根を張るのです。次に咲く花が、より大きく、美しいものとなるために」

　子どもを花に例えるなら、立派で美しい大輪の花を早々と咲かせる子もいれば、なかなかつぼみもふくらまないマイペースな子もいます。でも、私たちはつい、大輪の花と見比べてしまい、あせったり、落ち込んだりしてしまいます。

　花がまだ咲かない。
　子育てをしていると、そんなふうに「うまくいかない」と感じることのほうが多いかもしれません。
　でもそのとき子どもはきっと、下へ下へと根を張っているはずです。

　300ページ以上にわたり、数々の具体策を紹介してきました。でもこれは、わが子が自分の花を咲かせるために、親が与えら

れる水や堆肥、支柱のようなもの。

　取り込むタイミングや量、活かし方まで、親が思い通りにコントロールすることはできません。

　親子だってきょうだいだって、咲かせる花はみんなそれぞれちがうから。

　だからまだ、つぼみのままでも慌てず、あせらず、自分にしか咲かせることのできない花を咲かせようと、下へ下へと根を張っている子どもの力を信じる。

　情報があふれる世界で、信じるということ自体がなかなか難しくなってきていますが、この本が、読者の皆さんの子育ての中で、お子さんのもっている力を「信じる」ための足がかりになれば幸いです。

＊　　　＊　　　＊

　この本をまとめるにあたり、本当にたくさんの方々のお力添えをいただきました。

　上智大学短期大学部英語科教授の狩野晶子様、ワンダーラボ株式会社代表取締役の川島慶様、クックパッド株式会社の小竹貴子様、一般社団法人アルバ・エデュ代表理事の竹内明日香様、株式会社 Curio School 代表取締役の西山恵太様、浜脇整形外科病院理事長の浜脇澄伊様、浜脇整形外科リハビリセンター長の村瀬正昭様、東京大学大学院情報学環講師の藤本徹

様、有限会社スタジオ食代表／管理栄養士の牧野直子様、法政大学文学部心理学科教授の渡辺弥生様には、お忙しい中、多大なるご教授を賜わりました。この場を借りて改めて心よりお礼申し上げます。

　さらに、これまで積み重ねてきた取材現場での経験なくしては、この本は生まれなかったと思います。

　多くの貴重な取材の機会と丁寧な記事づくりで、私にたくさんの気づきや学びを与えてくださった「プレジデントFamily」編集部の鹿子島智子様、金子祐輔様。

　私が仕事の幅を広げるチャレンジをしたいとき、いつも快く受け入れ、成長するチャンスをくださった「ReseMom（リセマム）」編集長の田村麻里子様。この本のためにICTに疎い私をあちこちで助けてくださり、応援してくださった同編集部の田口さとみ様。

　また、「加藤さんだからこそ、できることがあると思う」と私を本の世界に引っ張り出してくださった元ダイヤモンド社の山下覚様。1年以上にわたり、初めての自著で自信がもてない私を、親としての共感も寄せつつ、励まし続けてくださった担当編集者の三浦岳様。優しいタッチで本全体を温かい雰囲気で包んでくださったイラストレーターの大野文彰様。

　山あり谷ありの子育てを、共に励まし合い、いたわり合いながら歩んできた親愛なるママ友たちにも。

　皆さまには本当に感謝の気持ちでいっぱいです。

そして、母としてのポンコツぶりと未熟さを許し、この仕事を応援してきてくれた家族と、３人の娘をそれぞれが置かれた場所で咲くまで、根を張る時期もあせらず温かく見守り、信じ、伸びやかに育ててくれた両親に、この本を捧げます。

2020 年 4 月　加藤紀子

※参考資料一覧は、以下のURLからダウンロードできます。
https://www.diamond.co.jp/go/pb/kosodate100.pdf

［著者］

加藤紀子（かとう・のりこ）

1973年京都市生まれ。1996年東京大学経済学部卒業。国際電信電話（現KDDI）に入社。その後、渡米。帰国後は中学受験、子どものメンタル、子どもの英語教育、海外大学進学、国際バカロレア等、教育分野を中心に「プレジデントFamily」「ReseMom（リセマム）」「NewsPicks」「ダイヤモンド・オンライン」などさまざまなメディアで旺盛な取材、執筆を続けている。一男一女の母。

子育てベスト100
── 「最先端の新常識×子どもに一番大事なこと」が1冊で全部丸わかり

2020年4月15日　第1刷発行
2021年8月23日　第11刷発行

著　者──加藤紀子
発行所──ダイヤモンド社
　　　　　〒150-8409　東京都渋谷区神宮前6-12-17
　　　　　https://www.diamond.co.jp/
　　　　　電話／03·5778·7233（編集）　03·5778·7240（販売）
装丁───小口翔平＋加瀬梓（tobufune）
本文デザイン─matt's work
イラスト──大野文彰
本文DTP──キャップス
校正───円水社
製作進行──ダイヤモンド・グラフィック社
印刷───堀内印刷所（本文）・新藤慶昌堂（カバー）
製本───ブックアート
編集担当──三浦岳